l'ABCdaire

des

Écritures

Béatrice André-Salvini
Annie Berthier
Bérénice Geoffroy-Schneiter
Anne Zali

Bibliothèque
nationale
de France

Flammarion

Les Écritures racontées   7

Des rives de l'Euphrate aux bords
du Nil   7

Mémoire des hommes, mémoires
des rois   8

Mythes et légendes   11

Vingt-cinq systèmes à travers le monde   14

« La captation de la parole intérieure »   16

« Un étrange désenchantement »   19

« La part secrète de l'écriture »   20

L'abécédaire   23

Annexes
• Arbre généalogique   116
• Chronologie   118
• Index   119
• Bibliographie   120

L'abécédaire

Il se compose des notices suivantes, classées par ordre alphabétique.
À chacune d'elles est associée une couleur qui indique sa nature :

■ Les Naissances

Akkadien	Déchiffreurs	Indiennes
Anatoliennes	Égéennes et chypriotes	Latine
Arabe	Égyptiennes	Méso-Amérique
Araméen	Élamites	Rawlinson
Champollion	Étrusque	Runique
Chinoise	Grec	Sud arabique
Cunéiforme	Hébraïque	Sumérien
Déchiffrement	Hiéroglyphes	Tifinagh

■ Pratiques et systèmes

Abécédaire	Ligne	Ponctuation
Alphabet	Micrographie	Rébus
Caractère	Monocondyle	Signature
Consonnes	Orientation	Signe
Ductus	Page	Style
Graphie	Palimpseste	Système
Idéogramme	Phonogramme	Transmission
Lettre	Pictogramme	

■ La vie des écritures

Arbre	Encre	Papier
Architecture	Énigme	Papyrus
Argile	Enluminure	Parchemin
Art	Graphologie	Pierre
Automatique	Imprimerie	Rouleau
Brouillon	Lecture	Sciences
Calligramme	Littérature	Scribe
Calligraphie	Livre	Supports
Copiste	Manuscrit	Tablette
Dieux	Mythes et légendes	
Écrivain	Outils	

Au fil de ces notices, et grâce aux renvois signalés par les astérisques,
le lecteur voyage comme il lui plaît dans l'abécédaire.

LES ÉCRITURES RACONTÉES

L'homme a su compter et lire avant de savoir écrire. Les galets peints, les bâtons incisés et les peintures de la Préhistoire expriment une volonté de communication par des signes visibles et mémorisables, qui se précise dans les agglomérations villageoises du Proche-Orient à partir du Xe millénaire. Mais les marques et dessins codifiés tracés sur quelques tablettes* d'argile* de cette époque trouvées récemment en Syrie (Jerf el Ahmar), ou les cachets apparus en Anatolie au VIIe millénaire permettant, par une empreinte, de répéter à l'infini les signes qui y sont gravés, ne pouvaient se développer en une écriture faute d'une continuité « historique » de ces communautés. Ils appartiennent à la culture « préhistorique ».

DES RIVES DE L'EUPHRATE AUX BORDS DU NIL

L'écriture apparaît à un stade ultérieur, dans des sociétés urbaines organisées, nécessitant une spécialisation des métiers et le développement du commerce et des échanges à longue distance pour obtenir les matériaux nécessaires à une civilisation en plein essor. La diversité des informations à retenir devient trop importante pour la mémoire humaine limitée, et il devient nécessaire de trouver un système* d'enregistrement élaboré. L'écriture n'est pas une invention isolée, née du cerveau d'un génie unique. La grande architecture*, la sculpture, le développement de la métallurgie ou d'autres techniques novatrices comme le tour du potier et la roue l'accompagnent et témoignent de l'entrée de la cité-État d'Uruk dans l'histoire vers 3300 avant J.-C., tandis que l'Égypte va, peu après, former une nation autour d'un souverain unique, le Pharaon, et son écriture naissante va exprimer cet état de fait. Cette époque peut être comparée à la « révolution industrielle » dans l'Europe du XIXe siècle, préparée par l'évolution des techniques et des mentalités du siècle des Lumières. Ces changements engendrèrent des missions scientifiques et le développement de nouveaux intérêts : parmi eux le déchiffrement* des écritures oubliées, alors redécouvertes, réinventées.

Il n'y eut donc pas une invention, mais des inventions de l'écriture. Si la Mésopotamie et l'Égypte furent en contact au moment où elles créent leurs écritures, les systèmes en sont complètement distincts ; l'on peut parler tout au plus d'une idée suggérée par la civilisation du Tigre et de l'Euphrate à celle du Nil. Il y eut peut-être une influence du modèle sumérien* sur la forme de l'écriture dite « proto-élamite », développée vers 3000 avant J.-C. à Suse au Khuzestan iranien (le prolongement géographique de la plaine mésopotamienne vers l'est), mais elle fonctionnait selon un mode indépendant. Il en est de même

Le Scribe accroupi. Saqqara, v. 2500-2350 av. J.-C. Calcaire peint. Paris, musée du Louvre.

7

*Tablette
en écriture
pictographique.*
Djemdet Nasr
(Mésopotamie),
v. 3200 av. J.-C.
Argile.
Paris, musée
du Louvre.

pour l'écriture de la civilisation de l'Indus (voir écritures Indiennes), qui entretenait des contacts commerciaux étroits avec l'Iran et la Mésopotamie dans la deuxième moitié du IIIe millénaire. Ces deux écritures n'eurent pas de suite. La Chine, qui plus de mille cinq cents ans après les deux grandes civilisations initiatrices de l'écriture inventa un système qui perdure, trouve ses motivations dans sa propre préhistoire. Et personne ne doute que l'écriture des Mayas d'Amérique centrale (voir Méso-Amérique), reconnue depuis les progrès de son déchiffrement dans les années 60-70 comme un vrai système élaboré, ne fut une invention locale.

On tend actuellement à remonter la chronologie des premières manifestations de l'écriture. Quelques documents sur argile, associant un chiffre et une représentation animale d'aspect très archaïque, trouvés sur le haut Euphrate (Tell Brak en Syrie), font penser à un stade plus primitif de l'écriture pré-cunéiforme* mésopotamienne ; mais la ville d'Uruk en basse Mésopotamie, où la découverte de plusieurs milliers de tablettes témoigne du développement d'un véritable système, reste le site de référence de la naissance de l'écriture. En Égypte, les fouilles allemandes des années 90 à Abydos (delta du Nil) ont livré des tablettes en os et des ostraca inscrits permettant de faire remonter l'urbanisation, l'apparition d'un État centralisé et les débuts de l'écriture hiéroglyphique égyptienne* qui leur est liée, jusque vers 3200 avant J.-C.

MÉMOIRES DES HOMMES, MÉMOIRES DES ROIS

L'écriture, à ses débuts, ne fut pas créée pour transcrire la parole, avec toutes les nuances grammaticales et lexicales du langage. Elle fut d'abord conçue comme un système symbolique distinct de communication, un moyen graphique destiné à garder la mémoire des données quotidiennes et collectives propres à chaque communauté, fixant des idées et des concepts, mais non leur expression linguistique. La première fonction de chaque écriture fut de noter des éléments qui ne nécessitent pas une phrase : comptes et données, noms et titulatures, calendriers ou messages oraculaires, selon les civilisations. Pourtant, les vieux systèmes logographiques (voir Idéogramme) et syllabiques (voir Phonogramme) s'adaptent bien à la nature de la langue qu'ils notent : entre autres exemples, chez le

Gudéa assis. Tello (Mésopotamie), v. 2130 av. J.-C. Diorite. Paris, musée du Louvre.

sumérien et le chinois*, largement monosyllabiques et dont l'unité de base de la perception du langage est, par conséquent, une syllabe. Écrire un mot par un simple signe revient donc à noter une syllabe, ce qui favorisera le développement de ces systèmes d'écriture et leur diffusion à d'autres langages.

Dans chaque grande civilisation de l'écriture antérieure à l'introduction de l'alphabet*, les premiers signes, picto-idéographiques (voir Pictogrammes), reflètent les symboles de la société qui les a conçus. Chacune de ces écritures naquit et se développa en harmonie avec le type de culture dans lequel elle s'épanouit et qu'elle contribua à faire progresser. Cependant, leurs premières manifestations reflètent l'emprise d'un pouvoir fort : l'écriture est un outil de gouvernement.

En Mésopotamie, elle fut créée pour les besoins d'une administration sacerdotale, l'archivage des transactions des grands organismes des premières cités-États gouvernées par un roi-prêtre. Les créations de la pensée, manifestées plus tard abondamment par chaque école érudite, resteront pendant plusieurs siècles du domaine de la tradition orale. La forme des signes, développée sur l'argile, dérive peut-être en partie d'un système de notation numérique de jetons géométriques symbolisant des chiffres ou en forme de têtes d'animaux et d'objets représentant des quantités de denrées, reproduits ensuite sur une tablette pour former la première écriture. Mais l'écriture mésopotamienne puise certainement son origine, comme pour les autres écritures à leurs débuts, dans les données de la nature et dans les arts* visuels : les décors de la poterie plus que bimillénaires ou de la sculpture naissante, déjà souvent schématisés ou transformés en symboles abstraits, inspirèrent vraisemblablement les premiers pictogrammes, pour figurer des êtres et des objets, puis transcrire des noms, des événements et des mots du langage. Ce système d'écriture fut aussitôt enseigné, comme l'atteste la présence de listes lexicales dès les origines.

En Égypte, les premiers signes de l'écriture sur tablettes et étiquettes regroupent des données administratives et officielles – dates et titres.

*Tablette
en caractères
cunéiformes
syllabiques
babyloniens.*
Au centre, sceau
du roi hittite
Mursili II.
Ougarit (Syrie),
1345-1320
av. J.-C. Damas,
Musée national.

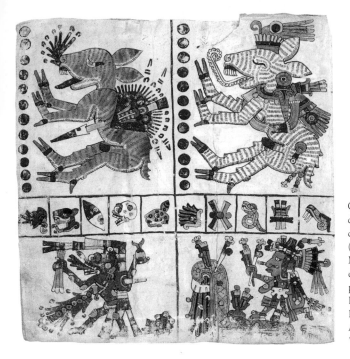

Calendrier
divinatoire
du *Codex Borgia*
(détail).
Mexique,
époque
précolombienne.
Rome,
Biblioteca
Apostolica
Vaticana.

Mais, surtout, ils identifient le souverain dans une représentation en images d'un événement historique sur des palettes et stèles de pierre* : l'association du décor figuré et de l'écriture commence sa longue histoire. En Chine, les plus anciens pictogrammes sur os ou sur écailles de tortue furent retrouvés dans la province du Henan, site sur lequel, au XIVe siècle avant notre ère, l'empereur Pan Geng avait établi sa capitale. La première écriture chinoise, à fonction oraculaire et sacrée, fut créée pour le service de l'empereur : de cette origine, les signes gardèrent une valeur magique. Dans l'Amérique centrale précolombienne, les écritures se développent pour les besoins d'un calendrier d'État chez les Olmèques au début du IIe millénaire avant J.-C. et elles vont noter, chez tous les peuples qui adoptèrent un système glyphique, les événements historiques liés aux exploits des souverains vainqueurs.

MYTHES ET LÉGENDES

L'écriture naît au moment où les dieux* se rapprochent des hommes, cessent d'être des forces de la nature terrifiante pour devenir des êtres surhumains, civilisateurs. Les mythes* et légendes sur l'origine de l'écriture mettent ainsi en scène des rois, des empereurs ou des héros agissant sous inspiration divine. Tout en décrivant un processus d'invention idéalisé ou fabuleux, ces essais littéraires comportent souvent des éléments concrets, véridiques. Ils constituent une volonté de relier l'écriture à un événement historique.

Ainsi, la tradition sumérienne souligne que l'écriture a été créée pour les besoins des échanges commerciaux. Si elle possède une origine divine (elle est reliée à la Sagesse descendue du ciel), les lettrés savaient bien que c'étaient leurs prédécesseurs qui l'avaient inventée. La légende attribue l'invention des signes cunéiformes à un souverain de la très vieille ville d'Uruk, où furent retrouvés, plusieurs milliers d'années après, les témoignages de l'écriture la plus ancienne. Un poème épique, faisant référence à un épisode historique lié au commerce international, remontant vraisemblablement avant 3000 avant notre ère, raconte comment le roi-prêtre Enmerkar envoya un messager demander des métaux précieux à la cité prospère d'Aratta, en Iran. Après plusieurs allers et retours à travers la montagne, le messager, fatigué, ne put répéter un long message. Alors le seigneur d'Uruk l'écrivit sur une tablette d'argile : « Il lissa l'argile avec les mains, en forme de tablette, et il y écrivit des mots ; jusque-là, aucun mot n'avait été écrit sur l'argile. Mais sous le soleil de ce jour, il en fut ainsi. » Par un raccourci historique dû au conteur, le seigneur d'Aratta comprit l'écriture à peine inventée : « [il] regarda l'argile et fronça les sourcils ; les mots étaient des coins ! »

En Chine, la tradition attribue l'écriture à l'empereur mythique Huangdi, qui régna près de cent ans (2697-2599 avant J. C.). Par l'observation des empreintes de pas des animaux, son devin scribe, Tsang-Kié, conçut les caractères* de l'écriture. Cette légende accrédite la relation de l'écriture chinoise à la nature qu'elle s'approprie en l'intégrant dans sa forme. À une époque plus récente, les Grecs mêlaient encore mythe et réalité historique : le héros mythique Cadmos, parti de Tyr chercher sa sœur Europe enlevée par Zeus, aurait apporté aux Grecs les « lettres* phéniciennes ».

Ces récits démontrent que, pour les Anciens, l'écriture était née achevée. Tout en connaissant les balbutiements des premiers essais de leurs systèmes, les scribes* jugeaient de leur perfection selon les critères de l'écriture de leur temps : la légende d'Enmerkar relate une genèse de l'art scribal, transmise oralement puis transcrite plus de mille ans après les débuts de l'écriture, au moment où une graphie* et un système élaborés sont capables de transcrire un texte littéraire, comme celui qui relate l'invention de l'écriture.

Béatrice ANDRÉ-SALVINI

Sarcophage d'Echmounazor avec inscription phénicienne.
Magharat Tabloun,
Vᵉ siècle av. J.-C.
Amphibolite.
Paris, musée du Louvre.

Cadmos apportant l'alphabet aux Grecs.
Tyr (Phénicie),
244-249 apr. J.-C.
Paris, BNF, Médailles, fonds général 2281.

Stèle funéraire bilingue en langues grecque et latine au nom du cavalier Publius Cornelius. Barâqish, 25 av. J.-C. Calcaire, 15,5 × 16,5. San'â', Musée national.

VINGT-CINQ SYSTÈMES À TRAVERS LE MONDE...

Actuellement, vingt-cinq systèmes d'écriture à travers le monde servent à consigner plusieurs milliers de langues et de dialectes. Les techniques d'écriture, mises au point par les civilisations les plus anciennes, étaient étroitement liées à la nature de leur langue. Qu'en est-il pour les langues plus jeunes, nées dans une ambiance où l'écriture existe déjà ?

L'emprunt se fait généralement par étapes. Après des tâtonnements plus ou moins infructueux (essai d'adaptation d'un système syllabique d'origine crétoise), les Grecs adoptent l'alphabet phénicien pauvre pour la transcription des nombreuses voyelles de leur langue. Si la représentation graphique des signes un peu aménagée est conservée, en revanche certains symboles changent de valeur phonétique sans changer de nom : la consonne* *aleph* de l'alphabet sémitique, par exemple, devient la voyelle *alpha*. Au IVe siècle avant J.-C., les divers types d'écritures qui s'étaient répandus à travers le monde grec s'unifient autour du système choisi par Athènes (l'alphabet ionien), tandis qu'au même moment les Romains, s'inspirant de l'alphabet étrusque* issu du grec*, élaborent l'alphabet latin*. On voit ainsi naître la longue généalogie des systèmes d'écriture : chaque fois que l'un est adopté par un peuple pour noter sa langue, il est aussitôt modelé et adapté pour correspondre le mieux possible au génie linguistique de la langue considérée. Les langues romanes comme le français, le provençal, l'espagnol, l'italien, le roumain ont tout naturellement été transcrites avec les caractères latins. Cependant, d'une langue à l'autre, le nombre des lettres de l'alphabet et leur valeur phonétique diffèrent. Les systèmes eux-mêmes, ainsi que l'évolution des tracés, évoluent ; dans une autre aire géographique, la langue japonaise, par exemple, s'est servi des idéogrammes* chinois pour les transformer en un système syllabique sous deux formes, *hiragana* et *katakana*.

Autre fait remarquable, un même système d'écriture peut abriter des langues complètement différentes. Le cunéiforme, outre le sumérien, a hébergé des langues comme l'élamite*, le hittite (langue asienne), l'akkadien* (langue sémitique), le vieux perse (langue indo-européenne) ; de nos jours, l'alphabet latin note des langues aussi différentes que le français ou le vietnamien, l'italien ou l'indonésien. Les caractères arabes*, outre l'arabe, langue sémitique, notent le persan, langue indo-européenne, l'ourdou de l'Inde et le malais. D'autre part, une même langue ou une même famille de langues peuvent connaître des systèmes de transcription totalement différents. Ainsi les langues turques, au cours des diverses migrations des populations turcophones depuis l'Asie centrale, furent notées avec des caractères chinois pour les textes proto-turcs du IVe siècle, avec des signes runiformes vers les VIe-VIIIe siècles, puis, lors de l'islamisation des IXe-Xe siècles, par les caractères arabes, jusqu'à l'adoption des caractères latins au début du siècle pour le turc de Turquie ; parallèlement, un grand nombre de peuples turcs d'Asie centrale choisissaient les caractères cyrilliques…

Lors des diverses colonisations, des langues jusque là « sans écriture » furent consignées avec l'alphabet latin souvent par l'intermédiaire des missionnaires, ou par des ethnologues. Ces transcriptions plus ou moins phonétiques sont à distinguer de systèmes ayant été vraiment créés pour se rapprocher au mieux des fonctionnalités de la langue, comme ce fut le cas pour la langue creek des Indiens d'Amérique du Nord. L'Afrique, quant à elle, est l'un des berceaux de l'écriture, si l'on n'oublie pas qu'en font partie l'Égypte, la Nubie où naquit l'écriture méroïtique, l'Éthiopie où l'on écrivait dès le IVe siècle grâce à un système syllabique directement issu des écritures protosinaïtiques, ainsi que l'Afrique du Nord antique qui connaissait l'écriture latine à une époque où, en Gaule, les druides se refusaient à écrire ; il existe en Afrique, dans les autres régions géographiques, une écriture visuelle fondée sur des systèmes de signes très anciens (peuples dogons). D'autre part, c'est un continent qui, depuis le XIXe siècle, invente des alphabets pour ses innombrables langues : l'un des plus anciens essais est celui du roi Njoya, au Cameroun, qui mit au point l'écriture bamoun dont il se servit pour son administration pendant plus de cinquante ans.

Et l'influence de l'écriture sur la langue ? En permettant de cerner la pensée, elle la fait évoluer (on a d'ailleurs beaucoup écrit à ce sujet). Cependant, on parle peu d'un autre phénomène capital : le rôle de l'écriture dans le

Etienne Dollet, *La Manière de bien traduire d'une langue en aultre.* Lyon, 1540. Paris, BNF, Rés. X 922, p. 25.

15

domaine de la traduction. Ainsi, comment transporter d'une langue à l'autre un long texte littéraire quand les systèmes graphiques des langues considérées sont totalement différents ? Comment traduire, par exemple, *Les Misérables* de Victor Hugo en chinois, sans écriture ? Les scribes antiques étaient aussi des interprètes…

Toutes ces écritures sont des plurisystèmes. Les langues ne vont jamais au-devant d'un système graphique sans le transformer considérablement. Actuellement, les écritures se tissent entre elles comme jamais ; on assiste à la naissance de nouveaux systèmes, hiéroglyphiques, pictographiques, symboliques, reconnus par tous, dans un contexte où, après avoir été une technique, l'écriture devient une technologie ; elle perd sa primauté pour devenir l'un des éléments d'un système relationnel plus complexifié entre émetteurs et récepteurs : du langage doublé par l'écriture a émergé la langue écrite ; de l'écriture doublée par les médias émerge un outil* nouveau fondé sur la réactivation chez les humains d'une cognition visio-auditive.

« LA CAPTATION DE LA PAROLE INTÉRIEURE »

En fait, depuis que l'écriture existe, depuis qu'il y a cinq mille ans des flots de signes se sont déversés sur notre planète, essayant de dire la lumière ou l'obscurité, n'ouvre-t-elle pas sans cesse de plus en plus « l'espace de la question », tentant seulement « l'amorce du pas » ? Résultat d'une appropriation millénaire et très lente par les hommes, langue et écriture se sont doucement apprivoisées selon un irréversible mouvement pour aboutir à la « captation de la parole intérieure », fruit de siècles d'apprentissage. La première science* passa par des croyances en des dieux tout-puissants au sein de sociétés où les moindres actes de la vie quotidienne étaient empreints de religiosité. Pont entre les hommes et les dieux, l'écriture née des nombres, de l'inscription de la dette des mortels envers les dieux en tributs, en dîmes, en corvées, devint la garantie d'un ordre social dans la main des rois-prêtres. Dans les tracés qui au début exprimaient des choses assez simples sans passer par les mots, lentement les sons entrèrent dans les signes ; le scribe savait lire car il savait deviner, opérer le tri, trouver la « bonne » lecture* ; l'écriture était la frontière entre le visible terrestre et l'invisible : celui du langage et celui des dieux. Peu à peu, usant de l'alphabet, l'homme met de côté l'invisible divin, privilégiant « son » invisible : véritable révolution, l'enregistrement des sons dans les signes permet de lire phonétiquement, mais pas forcément de comprendre ! L'écriture n'est plus un lieu partagé avec les dieux, elle appartient à l'homme, se modèle à sa mesure. Les milliers

de tracés compliqués inventés par les sociétés qui ont précédé les nôtres protégeaient une certaine « immanence du signe graphique », que l'on perçoit encore dans les systèmes utilisant les idéogrammes, tandis que l'alphabet, par son extrême simplicité, est propice à la notation du langage intérieur. Là où, pour les Anciens, l'écriture permettait de trouver un certain ordre du monde, il permet à celui qui l'utilise de s'approprier sa langue et celle des autres, de se comprendre lui-même, d'avoir un accès direct à sa pensée. Le sens n'émane plus du signe mais de sa lecture. Notre attrait pour le déchiffrement de documents anciens transcrits dans des écritures difficiles ne vient-il pas du fait que, à l'instar des devins antiques, nous voudrions les faire

Page de Coran, sourate IV, 147-149, calligraphie coufique. XIe siècle. Dublin, Chester Beatty Library.

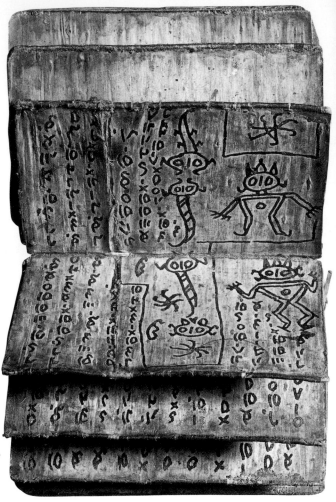

Pormuniyan,
recueil de
recettes médico-
magiques.
Sumatra,
XIXᵉ siècle.
Liber d'agalloche.
Paris, BNF,
Mss or., Malayo-
polynésien 288.

parler, rendre un oracle, leur faire assumer un rôle divinatoire au sujet de notre propre avenir ? Et, dans les créations nouvelles, d'où vient cette envolée calligraphique, cet envahissement de nos signes par des musiques graphiques (voir Calligraphie) ?

Nos ancêtres gravaient sur des rochers ; désormais nous avons appris à graver jusqu'aux sons, nous écrivons à distance. En fait, labourant sans cesse les mêmes traces, celles des premiers hommes, de ces hommes qui « se sont appris à écrire tout seuls », nous ne faisons, de génération en génération, qu'ouvrir sans fin un même sillon, y jetant de mystérieuses graines de sens, avec l'inquiétude et l'espérance de voir ressusciter demain le pain d'hier, simples instruments du miracle de la fructification, incapables de dénouer jamais jusqu'au bout l'énigme* des enlacements à l'être et à l'autre.

Annie BERTHIER

« UN ÉTRANGE DÉSENCHANTEMENT »

Qui aujourd'hui a peur de l'écriture ? Qui oserait aujourd'hui croire à la puissance animée de ses signes* ? Pourtant, il y a moins de deux mille ans, les Égyptiens croyaient encore à la capacité du signe de contenir la présence de ce qu'il désignait, n'hésitant pas à mutiler sur les parois des tombes les hiéroglyphes* du vautour ou de la vipère de peur que, se réveillant, ils n'en viennent à attaquer l'âme du défunt…

Nous avons désormais cessé de trembler devant l'écriture, nous avons congédié la peur ancestrale, celle de voir s'animer l'être nommé à l'intérieur du signe, celle là même qui conduisait les Mésopotamiens à écrire le nom de leurs dieux ou de leurs princes avec des chiffres, afin que nul, en s'emparant de leur nom, n'acquière ainsi pouvoir sur eux ; celle encore qui rendait tabou en Chine l'inscription du nom de l'empereur régnant.

Aujourd'hui, nous le savons bien, notre « A » n'est pas une tour Eiffel, ni notre « C » un croissant de lune. Nous avons intégré l'absence profonde qui hante le signe, son hétérogénéité totale à ce qu'il nomme, et les lettres alphabétiques ne constituent pour nous que des représentations arbitraires et inoffensives des sons. Aujourd'hui, nous avons cessé de croire à cette fusion du signe avec le monde, nous nous sommes « libérés » de la magie, mais il nous en vient comme un étrange désenchantement ! Que l'on songe en effet à la grâce poétique des premiers signes sumériens où, pour exprimer l'idée de la nuit, on traçait simplement un firmament qui pleure, où, pour indiquer que le roi était mort, on dessinait un homme grand tourné vers le Couchant…

On est en droit de se demander si le passage à l'alphabet constitue bien un progrès absolu, comme le croyait Jean-Jacques Rousseau qui y voyait la marque même des peuples civilisés, l'écriture idéographique étant le propre des « sauvages »…

La réponse à cette question dépend de la fonction dévolue à l'écriture : simple outil économique de transmission* du langage permettant de transporter sans altération des énoncés figés dans une forme immuable, ou pensée graphique permettant d'exprimer les mystères de l'univers, les énigmes de la pensée et les élans du corps ?

Au bel enthousiasme de Jean-Jacques Rousseau semble répondre le dégoût des vieux scribes mésopotamiens au début du Ier millénaire face à la simplicité « biblique » des vingt-deux lettres de l'alphabet araméen* inaptes, selon eux, à transcrire les secrets du monde, et appelées pourtant à éclipser par leur efficacité démocratique les com-

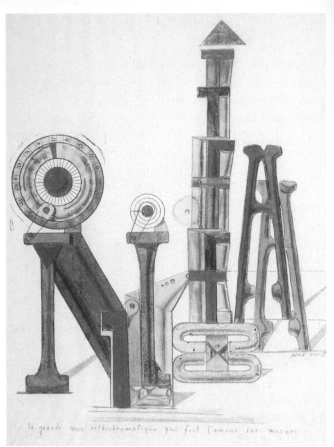

Max Ernst,
La grande roue orthochromatique qui fait l'amour sur mesure,
1919-1920.
Frottage à la mine de plomb d'éléments typographiques sur épreuve, aquarelle et gouache,
35,5 × 22,5.
Paris, musée national d'Art moderne.

plexités d'une écriture réservée, il faut bien le reconnaître, à quelques initiés jaloux de leurs prérogatives.

Il ne s'agit évidemment pas d'arbitrer ici ce vieux débat mais, en laissant la question ouverte, de susciter une confrontation de notre système d'écriture gréco-latin avec d'autres traditions d'écriture où sa valeur d'image s'est trouvée magnifiée, et par là peut-être de quitter un moment les évidences acquises qui nous font voir dans l'écriture un instrument de stockage sans défaillance pour entrer dans une énergie plus souterraine. Celle sans doute qui poussait les princes mésopotamiens à enfouir les clous de fondation portant la mémoire de leur geste dans les entrailles du temple.

« LA PART SECRÈTE DE L'ÉCRITURE »

Il s'agit ici simplement d'entrevoir la part secrète de l'écriture. Parce que son destinataire est absent, peut-être éloigné, peut-être mort, peut-être à venir, ailleurs, invisiblement présent, silencieux. Parce que l'écriture permet de « dire » sans faire de bruit, parce qu'elle a à voir avec « se taire » et qu'elle permet de réserver le message à quelques-uns, aux initiés, à presque personne, aux dieux ou aux esprits. L'écriture cache autant qu'elle montre ; par l'instauration d'un code partageable, elle permet la communication des messages, mais il lui suffit de brouiller le code ou de l'aggraver pour se faire opaque et impénétrable. Ainsi de ces amulettes taoïstes démonifuges dont la graphie chinoise est suffisamment altérée pour que seuls les démons puissent en faire lecture. Ainsi de cette écriture « folle » inventée par Henry Legrand au XIXᵉ siècle pour consigner sans risque la chronique amoureuse du second Empire. Comme si l'écriture avait deux faces : l'une solaire ouvrant un chemin vers la connaissance, l'autre, nocturne, agrandissant plutôt les énigmes du monde. L'écriture alphabétique elle-même n'a jamais renoncé à cacher des messages en jouant avec l'ordre des lettres, semant un deuxième texte dans l'épaisseur du premier : que l'on songe aux calligrammes* inspirés de Raban Maur dans son *De laudibus sanctae crucis*, dont l'ensemble du poème laborieusement réparti dans un carré est « travaillé » au cœur de ses images par un deuxième texte plus dense exprimant la fulgurance d'une intuition spirituelle au-delà du langage. Que l'on songe à Mallarmé aussi, livrant au blanc de la page* des constellations de signes rendues à la liberté d'une énergie combinatoire sans limite.

Comme si le « désordre » avait pouvoir de réengendrer sans fin l'écriture en même temps que de rouvrir inépuisablement la lecture…

Anne ZALI

Stéphane Mallarmé, *Un coup de dés jamais n'abolira le hasard.* Paris, NRF, 1914. Paris, BNF, Rés. gYe 292, p. 26-27.

A B É C É D A I R E

« *À cinq ans et quatre mois, j'apprenais alors l'abc
avec Ulrich Schüttern, mon maître d'école.* »

Matthäus Schwarz, *Le Livre des coutumes*, XVIe siècle.

Abécédaire

Avec le syllabaire, l'abécédaire est l'une des plus vieilles méthodes au monde d'apprentissage élémentaire de la lecture* ; c'est le premier livre* qui permet aux débutants d'être initiés à la reconnaissance des signes* graphiques servant à consigner une langue. Le mot désigne par extension tout livre utilisant l'ordre traditionnel d'un alphabet* pour décrire les rudiments d'une science*. L'abécédaire montre les lettres* isolées, le syllabaire présente des mots décomposés en syllabes. Autres sont les « syllabaires », analogues aux alphabets, dans lesquels un unique signe graphique correspond à une seule syllabe d'une langue. Pour apprendre son b.a.-ba, l'écolier se servait dans l'Antiquité et au Moyen Âge, comme aujourd'hui, de listes des principaux signes du système* d'écriture utilisé. Dans l'un de ses sermons, un prédicateur du XIIIe siècle parle des enfants se rendant chez le maître l'alphabet pendu à la ceinture. Pour agrémenter l'apprentissage, l'abécédaire – on dit aussi un « alphabet » ou un « ABC » – a pris au cours des siècles toutes les formes : manuels, mais aussi cubes, cartes, petites histoires en images, alphabets figurés, canevas brodés, sans compter les pâtes à potage ou les lettres en chocolat de la Saint-Nicolas. AB

Akkadien

L'akkadien est une langue du groupe est-sémitique à racines consonantiques définissant le sens général du mot : c'est la position des voyelles et l'insertion d'infixes qui déterminent les fonctions syntactiques et grammaticales.

Il fut écrit à l'aide du système* cunéiforme* sumérien* à partir du XXIVe siècle avant J.-C., moyennant une adaptation et une évolution vers le phonétisme* syllabique ; mais des idéogrammes* sumériens furent maintenus avec une lecture* en akkadien. Pour faciliter la lecture, les idéogrammes furent généralisés et des compléments phonétiques indiquant la dernière syllabe du mot furent introduits. Des modifications furent ajoutées pendant les deux millénaires suivants dans la notation de l'akkadien appelé assyro-babylonien et correspondant à deux dialectes de la

*Matthäus
Schwarz, Le Livre
des coutumes.
Allemagne, milieu
du XVIe siècle.
Paris, BNF,
Mss occ.,
Allemand 211.*

*Stèle du code
des lois du roi
Hammurabi
de Babylone.
Babylone, v. 1760
av. J.-C. Basalte,
225 × 190. Paris,
musée du Louvre.*

langue. Le nombre de signes* utilisé varia de 100 à 700 selon les genres de textes et les époques. Une volonté de la part des scribes* de garder la tradition imposa une culture bilingue et la rédaction d'un immense corpus lexical, cataloguant les mots de la langue et les signes de l'écriture : leurs dictionnaires sumérien/akkadien ont ainsi permis le déchiffrement* du sumérien. Outre la littérature* religieuse et les traités de sagesse, furent écrits en akkadien les annales royales et les chroniques historiques, des textes commémoratifs, scientifiques et techniques, la correspondance privée, officielle et diplomatique, les documents administratifs et légaux. Le rayonnement de la culture babylonienne au IIe millénaire avant J.-C. fit de l'akkadien et de son écriture le moyen de communication diplomatique de tout l'Orient ancien et de l'Égypte. BAS

Alphabet

Vers 1550-1200 avant J.-C., les inscriptions protosinaïtiques des mines de turquoise du Sinaï portent une écriture alphabétique de 24 à 29 lettres* ; de la même époque datent les inscriptions protocananéennes provenant de Lakish, Gézer et Sichem. Vers 1400 avant J.-C., un alphabet de 30 lettres (en cunéiforme*) est attesté dans des textes trouvés près de l'ancienne Ougarit. Issu de ces premiers essais, l'alphabet phénicien de 22 lettres, ancêtre de presque tous les systèmes alphabétiques du monde, apparaît vers 1000 avant J.-C. : l'inscription du sarcophage du roi Ahiram à Byblos en est le plus ancien vestige.

Fondé sur le principe de l'acrophonie (voir Phonogramme), ce système* consiste à transcrire par des formes graphiques simples et convenues les plus petites unités de l'articulation du langage (un signe* pour un son), indépendamment de la signification même des mots ; il peut même noter le chant du vent ou la langue des oiseaux. Il fallut pour l'inventer une analyse très fine de la langue pour vêtir chaque unité phonique sécable du langage d'un signe lui correspondant (voir Consonnes). Aménagé tant au niveau des graphies* qu'au niveau du nombre et de la valeur de ses signes, l'alphabet phénicien fut le modèle des systèmes alphabétiques (consonantiques, vocaliques, syllabiques ou mixtes) de nombreuses langues au fur et à mesure qu'elles adoptaient une écriture. L'actuel alphabet phonétique international (API) note tous les sons de toutes les langues, tandis qu'Unicode tente l'inventaire de tous les caractères* et symboles graphiques en usage dans le monde, avec pour devise « un seul signe pour un seul son, un seul son pour un seul signe ». AB

Couvercle du sarcophage d'Ahiram, roi de Byblos. Byblos, nécropole royale, inscription du Xe siècle av. J.-C. Calcaire. Beyrouth, Direction générale des antiquités.

Inscription
en caractères
hiéroglyphiques.
Karkemish,
Xᵉ-VIIIᵉ siècle
av. J.-C.
Ankara,
Museum
of Anatolian
Civilisations.

◼ Anatoliennes (écritures)

Trois systèmes* d'écriture furent utilisés pour noter les principaux langages appartenant au sous-groupe anatolien des langues indo-européennes. À partir du milieu du IIᵉ millénaire avant J.-C., le hittite fut écrit au moyen de deux systèmes, à la fois idéographiques* et syllabiques*. L'écriture cunéiforme*, notant aussi ses proches parents, le palaïte et le louvite, fut empruntée à la Mésopotamie par l'intermédiaire de la Syrie du Nord. Les documents, datés du XVIᵉ au XIIIᵉ siècle avant J.-C., sont des tablettes* d'argile*, à l'exception d'une table de bronze. La majorité des textes proviennent de la capitale de l'empire, Hattousha en Anatolie centrale, mais aussi de sites voisins et de la côte syrienne (Ougarit). Ils concernent l'administration et les pratiques cultuelles et magiques de la religion officielle, des compositions mythologiques, des annales royales et des traités diplomatiques internationaux.

L'écriture hiéroglyphique de l'Empire hittite, notant la langue louvite, est une création anatolienne. Elle apparaît sur des sceaux du XVᵉ siècle, portant des noms et des titres de personnes ; puis aux XIVᵉ et XIIIᵉ siècles sur des inscriptions monumentales en pierre*, essentiellement dédicatoires, comportant parfois un long prélude historique. Des lettres et documents économiques furent écrits sur des bandes de plomb. L'usage des hiéroglyphes* survécut à la fin de l'empire dans des États auparavant vassaux, en Anatolie du Sud et en Syrie du Nord, jusqu'au VIIIᵉ siècle avant J.-C. Au Iᵉʳ millénaire avant J.-C., un système alphabétique, écrit à l'aide de signes* reliés à l'alphabet* grec* ou en dérivant, fut introduit pour noter essentiellement le phrygien, le lycien, le lydien et le carien. BAS

« Le Cognassier ».
Al-'Umari,
*Sentiers à
parcourir des yeux
dans les royaumes
à grandes capitales*,
vol. 20 sur les
animaux et les
arbres. Copie
du XIVᵉ siècle.
Paris, BNF,
Mss or., Arabe
2771 (f. 177).

plus cesser de répandre sur le monde ses beaux caractères écrits de droite à gauche ; ils se déploient dans de somptueuses copies du Coran, dans des ouvrages scientifiques ou poétiques, parallèlement à des formes cursives destinées à un usage courant.

Plus de trois millions de manuscrits* arabes conservés à travers le monde témoignent de la diversité, de la maîtrise et de la splendeur de cette écriture, auxquels s'ajoutent des milliers d'ouvrages persans et turcs copiés dans différents styles* et ornés d'enluminures*. Un peu aménagé, l'alphabet arabe sert toujours à noter de nombreuses langues à travers le monde, comme le persan, l'ourdou, le malais et certaines langues africaines. AB

■ Arabe

L'origine des caractères* arabes se trouve peut-être dans l'écriture nabatéenne, issue de l'araméenne* : les plus anciennes inscriptions furent trouvées dans le Néguev et à Pétra. Lors de son annexion par les Romains en 106, le royaume nabatéen fut incorporé à la province d'Arabie ; les lettres* nabatéennes évoluèrent alors vers la notation de la langue arabe fixant d'abord les noms propres, puis de plus en plus de mots usuels. Leur forme s'achemina vers celle de la première écriture arabo-islamique développée plus tard à Kūfa. Connue d'abord par des inscriptions sur pierre*, l'écriture arabe se développe vraiment vers la fin du VIᵉ et au début du VIIᵉ siècle : la « descente des lettres » au milieu des hommes par la révélation coranique détermine à jamais le caractère sacré de chacun des 28 signes* de son alphabet*.

La calligraphie* arabe en quête d'une harmonie reflétant le monde céleste ne va désormais

■ Araméen

Venus par le nord et l'est, des nomades sémites pénètrent pendant le IIᵉ millénaire avant J.-C. dans les terres des cités cananéennes du Proche-Orient ; parmi eux, les Araméens fondent autour de

*Stèle funéraire
du prêtre
araméen Agbar.*
Syrie, Neirab,
VIIᵉ siècle av. J.-C.
Basalte.
Paris, musée
du Louvre.

Damas de petits royaumes. S'ils ne créèrent jamais de grand empire, leur langue et leur système* d'écriture eurent une fortune remarquable : dérivé du phénicien, leur alphabet* concurrença et finit par remplacer le système cunéiforme*. Les plus anciens documents en écriture araméenne (IXᵉ siècle avant J.-C.) proviennent du nord de la Syrie. Son alphabet consonantique servit à consigner, outre l'araméen, langue du Christ, de nombreuses autres langues. Pendant la dernière période de l'Empire assyrien (1000-600 avant J.-C.), l'araméen fut parlé de la Méditerranée à l'Inde, avant de devenir la langue officielle de l'Empire perse (550-330 avant J.-C.). À partir du IIIᵉ siècle avant J.-C., l'alphabet araméen explosa en trois branches d'écritures : une branche consonantique (hébreu* carré, nabatéen, palmyrénien, syriaque, arabe*), une branche vocalique (grec*, latin* et alphabets dérivés), une branche syllabique (en Asie centrale, en Inde puis en Asie du Sud-Est). C'est de l'araméen que descendent les écritures ouïgoure, mongole et mandchoue, et peut-être la brahmi de l'Inde (voir Indiennes). AB

■ Arbre

De nombreuses espèces d'arbres jouent depuis des siècles un rôle majeur dans l'histoire des supports* ou des outils* d'écriture. L'écorce de bouleau fut utilisée en Inde depuis l'Antiquité et dans les pays slaves ; le liber (d'où vient le mot « livre* ») d'agalloche taillé dans la longueur servait à Sumatra, jusqu'à une époque récente, à fabriquer des livres en accordéon ; les feuilles de palmier préparées et séchées étaient couramment utilisées en Inde et en Asie du Sud-Est pour la fabrication de livres oblongs ; l'écriture y était gravée en creux à la pointe sèche puis enduite d'encre* au moment de la lecture*. Les fibres de bambou entraient dans la composition de la pâte de certains papiers* en Asie. À partir du XIXᵉ siècle, le bois a remplacé le chiffon dans la fabrication de la pâte à papier industrielle.

Atharvana. Inde, XVIIIᵉ siècle. Feuilles de palmier, 4 × 45,5. Paris, BNF, Mss or., Sanscrit 179.

C'est dans le bois aussi qu'ont été taillés plusieurs outils ou supports d'écriture (tablettes* à écrire – *caudex* (planchettes), d'où le mot « codex » –, calames et plumiers), qu'ont été coupés de nombreux plats de reliure, qu'ont été construites roues à livres et étagères. Le bois a également servi de support pour des inscriptions monumentales, notamment dans le monde arabo-islamique. Enfin, l'arbre contient dans son écorce lisse ou rugueuse des secrets mêlés à ceux des amoureux. Il est aussi métaphoriquement celui de la connaissance, et la science des lettres* peut se concevoir dans une arborescence. AB

« *Je vis les premiers hommes qui étaient de la substance des arbres.* »
Jorge Luis Borges, *L'Écriture du Dieu* in *L'Aleph*, 1949.

Mosquée
Qarawiyyin, Fès.
Photographie
de Bruno Barbey.

■ Architecture

L'univers est un grand livre* ouvert, ou plutôt une page* vierge sur laquelle l'homme a posé son empreinte. Ce dernier a griffonné, esquissé, raturé, hachuré, noirci la moindre surface, le moindre support* : du plus modeste au plus noble, du plus insolite au plus banal. Les monuments architecturaux n'échappent pas à la règle en se parant de signes* profanes ou sacrés, purement décoratifs ou hautement signifiants. Des temples de l'ancienne Égypte tapissés de hiéroglyphes* aux monuments de la Méso-Amérique* recouverts de glyphes, sans oublier les épitaphes mortuaires ou solennelles gravées dans le marbre des arcs de triomphe ou des colonnes romaines : l'écriture est bel et bien partout.

Mais s'il est une civilisation qui a porté au raffinement suprême cette ornementation quasi obsessionnelle de l'architecture, ce « délire graphique d'une lettre* portée à son apogée », c'est bien l'Islam et sa civilisation tout entière dédiée à la gloire du signe. Calligraphiés à l'égal des plus beaux Corans, mosquées, palais royaux, mausolées, maisons princières (et jusqu'aux fontaines, kiosques ou cours de jardins) se doivent de glorifier ici-bas Dieu et son Prophète. Grâce à leur exceptionnelle malléabilité, les lettres arabes s'étirent ainsi en folles arabesques pour mieux tapisser de leurs courbes et contre-courbes chapiteaux, voûtes, piliers, murs, portes et fenêtres. Cette horreur du vide ne conduit-elle pas précisément au vertige qui est une forme d'« ivresse divine » ?

Plus profane apparaît sous nos latitudes l'intrusion de la lettre. Slogans publicitaires, affiches de spectacle, enseignes lumineuses, prospectus, et jusqu'à ces tags et graffitis ornant les murs des maisons comme les couloirs des métros… la ville moderne est elle aussi devenue une gigantesque page d'écriture. Cet apôtre de l'art urbain qu'était Jean-Michel Basquiat l'avait d'ailleurs fort bien compris ! BGS

■ Argile

Abondante en Mésopotamie, malléable et transportable, l'argile fut, sous la forme de tablettes* sur lesquelles les signes* étaient imprimés à l'aide d'un calame de roseau, le support* privilégié de l'écriture cunéiforme* pendant près de 3 500 ans. L'effort continuel d'adaptation à ses contraintes et à ses possibilités plastiques influença le développement de cette écriture vers l'abstraction. Sur l'argile crue, parfois cuite ensuite, furent inscrits les comptes journaliers mais aussi la grande littérature* ; toutes les inscriptions officielles sur des monuments de pierre* ont leur modèle sur argile. Cette noblesse accordée à un matériau commun vient de l'idée qu'il

était à l'origine de la vie : au bord de la lagune, le dieu* sumérien Enki avait en effet créé l'homme à partir d'une motte de terre. L'expansion du cunéiforme entraîna la diffusion de son véhicule, qui fut aussi adapté à d'autres écritures. En Mésopotamie, l'araméen*, à ses débuts, fut écrit en caractères* incisés, ou à l'encre* sur des tablettes, et il y eut même des essais pour écrire le grec* sur argile. C'est aussi le seul support conservé des premières écritures du monde égéen* et chypriote aux signes linéaires incisés et celui, épisodique et maladroit, de l'écriture égyptienne* dans les sites éloignés de la vallée du Nil et de ses fourrés de papyrus* (tablettes de Balat, oasis de Dakhleh). L'argile est bien adaptée à la transmission* de l'écriture puisque des centaines de milliers de documents, cuits dans les incendies qui souvent détruisirent les bâtiments où se trouvaient archives et bibliothèques, ont été conservés. BAS

Compte des chèvres et des moutons. Tello (Mésopotamie), v. 2350 av. J.-C. Argile, 7,8 × 7,8. Paris, musée du Louvre.

En grec* ancien, le verbe *gra-pheîn* désigne l'acte d'écrire tout autant que celui de dessiner, aussi n'est-il pas rare de voir danser sur les parois des céramiques attiques des lettres* indiquant le nom de tel dieu* ou de tel héros. Parfois cependant, le peintre « illettré » oublie la fonction signifiante de l'écriture pour tapisser le fond de ses vases d'alpha ou d'oméga dont les courbes et contre-courbes sont autant de pure séduction pour le regard. « La graphie pour rien... le signifiant sans signifié », écrira, là encore, l'auteur de *L'Empire des signes*... (voir Écrivain).

Certes, dans l'histoire des écritures, qui est aussi celle de l'humanité, les exemples abondent de ces liaisons poétiques, ludiques et facétieuses entre l'image et l'écrit. La lettre se faufile ainsi dans tous les supports* (des enluminures de parchemins* aux affiches de publicité) de façon récurrente, obsessionnelle et parfois même sacrée. S'affranchissant alors des contraintes de l'alphabet*, elle en devient simplement « belle », « évidente » : signe* d'avant les mots et le langage, petite virgule ou folle arabesque faisant fi à tous les déchiffrements*...

Longue sera la liste de ces peintres fascinés par les potentialités plastiques d'une écriture enfin redevenue libre. Ce sont bien sûr les adeptes de Dada et les surréalistes se jouant des lettres comme des mots dans un esprit contestataire et anarchique – que l'on se souvienne, par exemple, des assemblages d'un Kurt Schwitters, des photomontages d'un Raoul Hausmann ou d'un Man Ray. Parallèlement, la typographie envahit les collages des cubistes (ceux de Braque comme ceux de Picasso), fascinés par la modernité des journaux et des prospectus. Sages et appliquées comme si elles étaient tracées par une main d'écolier, les lettres investissent à leur tour les poèmes-objets d'André Breton, avant les toiles énigmatiques de Magritte ou les aphorismes de Ben, tandis que les futuristes écrivent, tout autant qu'ils dessinent, leurs planches de « mots en liberté ». C'est aussi le peintre russe Chagall qui tapisse le fond de ses tableaux de lettres empruntées aux alphabets cyrillique et hébraïque, signes tangibles de son appartenance à deux cultures. Paul Klee, de son côté, signe de merveilleux « poèmes-aquarelles », accordant tantôt aux lettres, tantôt aux syllabes, parfois même aux mots, des espaces de couleur d'une vibration toute musicale. Cousins lointains des calligraphes arabes ou extrême-orientaux (voir Calligraphie), des artistes comme Soulages, Matthieu, Alechinsky ou Michaux abolissent définitivement les frontières entre la peinture et l'écrit. Leurs « calligraffitis » (selon la juste expression de John Willett) ne rappellent-ils pas les énergiques coups de pinceau des plus grands maîtres zen ? BGS

Marc Chagall, *Le Juif rouge*, 1915. Huile sur carton, 100 × 80,5. Saint-Pétersbourg, Musée russe.

André Breton,
*Autoportrait :
l'écriture
automatique*,
1938.
Photomontage,
14,2 × 10.
Milan, collection
Arturo Schwarz.

■ Automatique

En ce premier quart du XXᵉ siècle, un petit groupe subversif d'écrivains*, de poètes et de peintres se proposent d'échapper aux contraintes de la « liberté surveillée » en faisant intervenir dans les mécanismes de la pensée les lois du hasard et de l'irrationnel : ce sont les surréalistes et leurs célèbres « cadavres exquis », jeux de société dont Georges Hugnet décrit le principe en ces termes : « Vous vous asseyez à cinq autour d'une table. Chacun de vous note, en se cachant des autres, sur une feuille, le substantif devant servir de sujet à une phrase. Vous passez cette feuille pliée de manière à dissimuler l'écriture à votre voisin de gauche en même temps que vous recevez de votre voisin de droite la feuille qu'il a préparée de la même manière… Vous appliquez au substantif que vous ignorez un adjectif… Vous procédez ensuite de la même manière, pour le verbe, puis pour le complément direct, etc. » (*Petite Anthologie poétique du surréalisme*). Mort de l'écriture, suicide de la littérature*, procès du moi et de la personnalité, abolition de la notion d'auteur et de son corollaire, la signature… acerbes furent les critiques adressées à l'encontre du groupe d'André Breton ! C'était là commettre un contresens évident tant nous apparaissent, à quelques décennies de distance, la formidable libération formelle et poétique engendrée par l'écriture automatique et ses dérivés plastiques. Des poèmes des *Champs magnétiques* aux frottages, collages ou autres assemblages, tout est bon pour transcender le carcan des conventions sociales et esthétiques qui pèsent sur l'homme depuis la nuit des temps.

Henri Michaux ira encore plus loin dans la transgression, confiant à sa « main traçante » la tâche d'explorer, de sonder ces profondeurs que les mots, trop lourds, inadaptés, n'atteignent pas. D'emblée naîtra une écriture étrange, d'avant l'alphabet*, d'avant la « crétinisation » de l'enfant par l'apprentissage des codes : signes* primordiaux semblant appartenir à un continent inconnu, petites chenilles noires gorgées d'encre* affichant sur la page* une formidable aisance… BGS

■ Aztèque. Voir Méso-Amérique

■ Boustrophédon.

Voir Orientation

■ Brouillon

Les tablettes* de cire de l'Antiquité qui permettaient d'écrire, d'effacer ou de corriger constituent sans doute les premiers brouillons de la tradition occidentale. Cette pratique régresse au Moyen Âge où l'écriture se fait souvent sous la dictée, où le support* de l'écriture, le parchemin*, est d'un prix élevé. Il arrive alors que le même exemplaire prenne en charge l'expression de l'auteur et l'exi-

Gustave Flaubert,
Trois Contes.
Brouillon manuscrit,
1878.
Paris, BNF,
Mss occ.,
Naf 23663 (f. 369).

CALAME

Guillaume
Apollinaire,
Calligramme,
1918. Paris,
BNF, Mss occ,
Naf 25610.

gence du lecteur, les corrections pouvant être intégrées dans la mise en page* au même titre que des annotations.

L'imprimerie* opère à la Renaissance une séparation radicale entre page à écrire et page à lire. La page à lire, imprimée, échappe à son auteur : elle devient le produit d'une fabrication mécanique. Le manuscrit*, lui, devient l'espace privé de l'écrivain*, la « pagina » médiévale rigoureusement réglée se transforme en page blanche où les codes calligraphiques n'ont plus cours. Mais cette distinction entre page à écrire et page à lire se fait d'abord, et ce jusqu'à Flaubert sans doute, au profit de la page imprimée qui diffuse l'image idéale d'un texte net et ordonné, indéfiniment reproductible. C'est au cours du XIXᵉ siècle que se produit l'inversion. Il n'est que de songer à l'orgueil balzacien de la rature !

La technologie informatique a supprimé dans bien des cas les brouillons mais a ouvert de nouvelles possibilités de visualisation simultanée des différentes étapes de la genèse de l'œuvre et même de simulation dynamique du tracé. AZ

■ **Calame.** Voir Outils

■ **Calligramme**
C'est Guillaume Apollinaire qui, le premier, employa le mot « calligrammes » pour désigner l'un de ses recueils de poèmes publié en 1918. Ces fantaisies figuratives tendant à donner un aspect visuel à un texte, écrit ou imprimé, sont en réalité aussi anciennes que l'écriture elle-même. Car qu'est-ce que le « calligramme » si ce n'est, pour reprendre la définition du célèbre typographe Massin, « l'écriture, le dessin de la pensée » ? (*La Lettre et l'image*, Gallimard, 1970).

Avant Apollinaire, les calligrammes se nommaient « vers figurés », ou « vers rhopaliques » (du grec* ancien *rhopalon* qui signifie massue), ou bien encore « vers pyramidaux », en raison de leur disposition dans un ordre croissant et décroissant. Relégués au rang de bizarreries typographiques, ils étaient alors tenus en piètre estime et jugés indignes des grands auteurs. Plus ambitieuses apparaissent, au VIIIᵉ siècle, les tentatives du moine bénédictin Raban Maur, dont le recueil *De laudibus sanctae crucis* ne comprend pas moins de trente poèmes figurés disposés en acrostiche, tous rehaussés d'encre* rouge. Poèmes en forme d'œuf, d'animaux, de monstres, de planètes ou même de portraits… les faiseurs de calligrammes ne manquent guère d'imagination, jusqu'à François Rabelais en personne et sa *Dive Bouteille*, si souvent recopiée par les affichistes des Temps modernes. Stéphane Mallarmé écrira quant à lui plus d'une centaine de petits poèmes intitulés *Les Loisirs de la poste*, « par pur sentiment esthétique, à cause du rapport évident entre le format ordinaire des enveloppes et la disposition d'un quatrain ». BGS

> « *Ils* [les calligrammes] *sont une idéalisation de la poésie vers-libriste et une précision typographique à l'époque où la typographie termine brillamment sa carrière…* »
>
> Guillaume Apollinaire, *Lettre à André Billy*.

y aura l'âge des choses
ères, On dépensera des millions
ur des choses qui serviront
rant une minute et qui s'
anouiront, et des chefs-d'œuvre
ront aussi aériens
e les aviateurs.

Guillaume Apollinaire

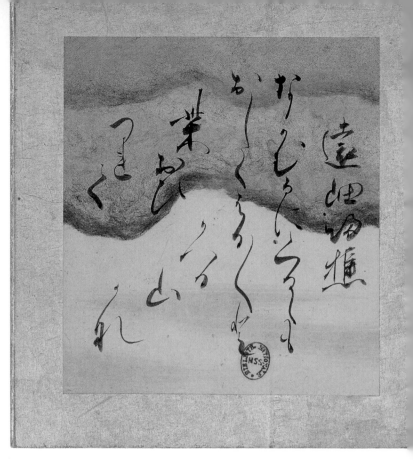

■ CALLIGRAPHIE

C'est en observant les em-preintes de pas des oiseaux que le devin-scribe chinois Tsang-Kié, personnage de légendes doté de deux paires d'yeux, aurait tracé les premiers caractères*. Le Ciel et la Terre se mirent alors à trembler devant l'importance de cette décou-verte : l'homme pouvait désormais percer les secrets de l'univers. Mais loin d'être un simple jeu de signes* abstraits, l'écriture transgressa bientôt le seul souci de lisibilité pour s'ériger en pure recherche plastique : l'encre* et le pinceau signent alors l'acte de naissance de la calligraphie…

Alternances de vides et de pleins, de noirs et de blancs, de boucles, de traits, de points, de virgules… autant de messages à déchiffrer, d'énigmes* à percer pour le néophyte séduit par le rythme de cette silencieuse parti-tion musicale qu'est toute page* d'écriture. Et le désir naît soudain de ne jamais connaître le sens caché de ce qui apparaît alors comme un « plaisir du pur tracé », une extase de la ligne, un vertige absolu du signe. Retrouver alors ce plaisir originel de l'enfance, son innocence analphabète face à un monde envahi de caractères poétiques et barbares encore totale-ment hermétiques, n'est-ce pas le rêve intime caressé par tout artiste ? Délaisser la rigueur monacale d'une page de manuscrit* occidental pour s'abîmer avec délectation dans l'écri-

Album de huit vues et poèmes.
Japon, époque Edo (XVIIIᵉ-XIXᵉ siècle ?).
Aquarelle. BNF, Mss or., Japonais 1241 (f. 3v°-4).

ture souple et déliée d'un rouleau extrême-oriental ; s'abandonner au rythme envoûtant des sensuelles arabesques d'une calligraphie persane… Nulle gratuité cependant dans ce qui pourrait apparaître aux yeux d'un profane comme de vaines recherches plastiques. Ainsi, les calligraphes arabes pensent que leur art* est une géométrie de l'âme énoncée par le corps. Toute calligraphie y est simulacre dans la mesure où elle tend à magnifier le visage caché d'Allah. Le Tout-Puissant n'a-t-il pas précisément créé les anges selon le nom et le nombre des lettres*, pour qu'ils le glorifient par une récitation infinie du Coran ? « Louez-moi ! Je suis Allah et il n'y a d'Allah que moi. » Et les anges de s'agenouiller et les lettres de s'incliner sur les pages enluminées…

Aux antipodes des ces foisonnants « tapis d'écriture », les moines bouddhistes préfèrent quant à eux célébrer les noces du vide et du plein, du clair et de l'obscur, du noir et du blanc, de l'encre et du pinceau. Philosophie autant que pratique artistique, la calligraphie y devient cet accomplissement total, « cet engagement à la fois du corps, de l'esprit et de la sensibilité » (François Cheng). Pour signifier à une personne sa délicatesse et son haut degré de raffinement, les Japonais ne lui disent-ils pas tout simplement qu'elle a « une belle écriture » ? BGS

■ CARACTÈRE
De Gutenberg à la télématique...

Du grec* *kharakhter* qui signifie « empreinte », le mot a plusieurs acceptions selon le contexte dans lequel il se trouve : « caractère d'écriture » se rapporte au signe* ; « caractère pictographique », « alphabétique » au système* ; « caractère cyrillique », « arabe* », « chinois* » à la graphie* ; « anglaise », « garamond », « caractère gras », « italique » se rapportent aux styles* ou aux polices de caractères ; enfin, « caractère typographique » (du grec *tupos*, empreinte, marque, caractère d'écriture) désigne un outil* servant à l'impression.

En Chine, on utilisa avant Gutenberg des caractères mobiles en bois et en céramique, et en Corée des caractères à base d'un alliage métallique. La trouvaille de Gutenberg est le moule en deux parties permettant de fondre des lettres* dont deux dimensions sont fixes et la troisième mobile dépendant de la largeur de la matrice, permettant une fabrication en série. La hauteur du caractère est le « corps » de la lettre, sa largeur la « chasse ». On le mesure grâce aux points typographiques (8, Gaillarde ; 11, Cicero ; 16, Gros romain). Chaque lettre a un jeu de capitales (grandes et petites) et de minuscules selon diverses familles : elzévirs, didots, antiques, calligraphiques (classification de Thibaudeau, 1921) ou manuaires, humanes, garaldes, réales, didones, mécanes, linéales, incises, scriptes (Maximilien Vox, 1954). Jusqu'au début du XVIIIe siècle, la composition à la main et les presses en bois ne sont presque pas modifiées. Puis des procédés mécaniques augmentent le rendement et la rapidité (machine à fondre les caractères de William Church en 1822) ; le clavier des monotypes et des linotypes commande la fonte des caractères ou de la ligne* au fur et à mesure de la composition du texte. Au XXe siècle, on invente l'héliogravure, la photocomposition ; l'emploi de rotatives accélère le processus. Actuellement, la télématique permet d'afficher un texte entre un émetteur et un récepteur presque sans limite d'espace et de temps. Grâce aux avancées de la technologie, dans un futur non éloigné, prenant le relais de la main, la voix et l'œil même – grâce aux ondes neuronales – seront capables d'afficher des caractères à distance sur des écrans. AB

MODERNISME

Préciosité

ÉLÉGANCE

FORCE

MONUMENTALITÉ

SIMPLICITÉ

FANTAISIE

Archaisme

SÉRIEUX

■ Champollion

« Une inscription hiéroglyphique présente l'aspect d'un véritable chaos ; rien n'est à sa place ; tout manque de rapports ; les objets les plus opposés dans la nature se trouvent en contact immédiat et produisent des alliances monstrueuses. » L'auteur de ce constat inquiétant n'est autre que Jean-François Champollion (1790-1832). En cette année 1824, le célèbre égyptologue a cependant percé depuis deux ans le secret de l'écriture égyptienne* et de ses mystérieux hiéroglyphes*…

Certes, nombreux sont ceux qui, avant lui, tentèrent de déchiffrer ce grouillement fascinant de signes* tapissant les murs des temples comme les parois des tombes. Dès la fin de l'Antiquité, alors que les inscriptions sacrées ne sont même plus comprises des Égyptiens eux-mêmes, les auteurs classiques se perdent en rêveries. Plutarque compare les textes hiéroglyphiques aux sentences de Pythagore ; Horapollon (écrivain de la fin du Ve siècle) est l'auteur de commentaires pour le moins fantaisistes ! C'est en s'appuyant ouvertement sur l'œuvre de ce dernier que le jésuite allemand Athanase Kircher (1602-1680) fera lui aussi fausse route en ne voulant retenir que le caractère symbolique de l'écriture égyptienne.

D'autant plus géniale apparaît, moins d'un siècle plus tard, l'intuition de Champollion. Ce travailleur acharné, pour lequel la plupart des langues anciennes n'ont aucun secret, a alors à sa disposition le fabuleux matériel épigraphique mis au jour par les archéologues de l'expédition d'Égypte. Parmi leurs découvertes, figure la fameuse « pierre de Rosette » saisie par les Anglais dès 1801. Avec une rigueur toute mathématique, Champollion étudie sans relâche ce bloc de basalte dont il possède une copie et en confronte les trois formes d'écriture : le grec*, le démotique, le système* hiéroglyphique. Plus rapide que ses rivaux (l'Anglais Young, Akerblad le Suédois et son compatriote Silvestre de Sacy), le jeune égyptologue arrive le 14 septembre 1822 à cette brillante conclusion : l'égyptien est à la fois idéographique et phonétique. Une découverte capitale qui signe l'acte de naissance de l'égyptologie… BGS

Page de gauche, en haut :
« Lettres fantastiques » et « Lettres utopiques ». Gravures sur bois extraites du traité de calligraphie et de typographie, *Champfleury* de Geoffroy Tory, 1529.
Paris, BNF, Rés. V 516 (f. 77v°-78).

En bas :
Nomenclature de Pierre Faucheux qui illustre le pouvoir d'expression de la typographie. *L'ABC du métier* de Massin, 1988.

Jean-François Champollion, *Cahier de notes.* Manuscrit de la *Grammaire égyptienne* publiée en 1841. Paris, BNF, Mss, Naf 20374.

Inscription oraculaire. Chine, XIVᵉ-XIᵉ siècle av. J.-C. Plastron de tortue, h. 11. Paris, musée Guimet.

▦ Chiffre. Voir Signe

■ Chinoise (écriture)

Inventée, selon la légende, au milieu du IIIᵉ millénaire avant J.-C. et attestée à partir du XIVᵉ siècle avant J.-C., l'écriture chinoise est sans doute aujourd'hui la plus vieille écriture du monde. Ses plus anciens vestiges sont des inscriptions oraculaires gravées sur des omoplates de cervidés ou sur des plastrons de tortue.

L'écriture chinoise a sensiblement gardé la même structure idéophonographique qu'à son origine. Chaque caractère* correspond à un mot. Il existe des figures simples, pictogrammes* ou symboles, et des figures dérivées créées par agglomération de caractères simples. Leur construction se fait selon deux critères : sémantique, ou sémantique et phonétique.

Dans le premier cas (agrégats logiques), l'association de deux pictogrammes permet d'exprimer une notion abstraite : par exemple, « soleil » et « arbre »

rassemblés expriment l'« obscurité », ou le soleil sous les arbres. Dans le deuxième cas (complexes phoniques), l'un des caractères est utilisé pour son sens, l'autre donne la prononciation du mot à écrire : par exemple, le « soir », qui se dit *gan*, sera noté par une association du pictogramme du soleil et de *gan*, pictogramme signifiant « pilon », auquel on a recours ici pour sa seule valeur phonétique. Par ce biais, le lexique s'est considérablement enrichi pour approcher aujourd'hui de 55 000 caractères.

De son origine divinatoire l'écriture chinoise a gardé l'aspect magique. L'agencement des traits y est figuration symbolique des éléments de l'univers. Cette étroite relation à la nature explique la proximité, dans la tradition chinoise, de la calligraphie* et de la peinture, éprises toutes deux du même idéal : « Quand le poignet est animé par l'esprit, fleuves et montagnes livrent leur âme » (Shitao). AZ

■ **Codex.** Voir Livre

■ **Consonnes**

Écrire c'est dessiner, mais dessiner ce n'est pas encore écrire. L'écriture naît avec la phonétisation du signe*, elle repose sur une analyse de la langue, une décomposition des sons. Dans les langues sémitiques où le sens des mots est accroché à leur squelette consonantique, il n'est pas utile de noter les voyelles : ainsi, par exemple, la racine arabe* « KTB » garde un noyau de sens constant quelle que soit la vocalisation adoptée, *kitab*, le « livre* », *kataba*, « écrire », etc. Une transcription aussi « ajourée » serait un désastre, appliquée à une langue indo-européenne où les voyelles ne cessent de modifier le sens des mots : ainsi, en grec*, la simple addition de la voyelle « a » fait chavirer la loi, *nomos*, dans son contraire, *anomos*, ce qui est hors la loi.

Le choix de la bonne vocalisation s'effectue en fonction du contexte : la lecture* suppose la compréhension du texte, elle s'apparente à la divination. L'ambiguïté de l'écriture fait appel à l'intelligence.

Parce qu'elles ne notent pas dans la langue tout ce qui se prononce, mais uniquement ce qui produit du sens, les écritures consonantiques gardent une grande proximité avec les écritures idéographiques. Les lettres* y ont une valeur d'image autant qu'une valeur de son, voire parfois une pure valeur d'image : que l'on songe aux quatre consonnes du tétragramme exprimant le nom divin dans la tradition hébraïque, mot imprononçable dont la force silencieuse agit à l'intérieur du texte biblique comme un arrêt brutal de la lecture. AZ

■ **Copiste**

Le métier de « copiste » consiste à reproduire un modèle, il implique la répétition. En Mésopotamie ou chez les Égyptiens, le scribe* exerçait un réel pouvoir, copiant mais aussi rédigeant les textes. Chez les Grecs et les Romains, on employait des esclaves lettrés qu'on affranchissait souvent, et à l'époque médiévale les copistes étaient des moines ou des clercs. Mais quels que soient l'époque et le rôle attribué à l'individu, les outils* et les supports* utilisés, la maîtrise de l'écriture manuscrite est le fruit d'un apprentissage spécifique souvent long et difficile. Le rôle des copistes est immense. Ce sont eux qui, à travers le monde, ont eu la tâche de la transmission* des textes ; les milliers de manuscrits* copiés en Europe ou en Orient pendant des siècles ont permis de sauvegarder les richesses de la littérature*, des sciences*, des textes philosophiques ou religieux par-

Jean Miélot dans son atelier. Miniature extraite de la *Vie et miracles de Notre Dame* de Jean Miélot, La Haye, 1456. Paris, BNF, Mss, Fr. 9198 (f. 19).

fois très anciens. Même après l'invention de l'imprimerie* (1450, époque où à Florence Vespasiano de Bisticci employait par exemple dans son atelier une cinquantaine de copistes), le travail de copie ne cessa pas pour autant, notamment dans les bureaux (administrations, ministères), ou encore chez les secrétaires avant l'arrivée des machines à écrire.

La position du copiste est capitale. En Orient, on a longtemps écrit assis sur le sol ou sur un coussin, la feuille sur le genou, tandis qu'en Europe on usa tôt du tabouret. Le copiste utilise une écriture livresque, la véritable calligraphie* est réservée aux ouvrages de luxe. Dans les manuscrits médiévaux, il indique dans un colophon en fin de texte son nom, la date et le lieu de la copie, ajoutant parfois quelques mots pour dire combien il a souffert du froid ou de la chaleur pendant que ses doigts étaient crispés sur son calame… AB

De haut en bas :
Évangiles gréco-latins (détail).
XIIIᵉ siècle. BNF,
Mss occ., Grec 54.

La Mer des hystoires (détails).
1448-1449.
Paris, BNF,
Rés. V 676-677.

À droite : *Tablette de fondation du roi Shulgi.*
Tello
(Mésopotamie),
2100 av. J.-C.
Diorite. Paris,
musée du Louvre.

■ Cunéiforme

Inventée par les Sumériens* ou leurs prédécesseurs vers 3300 avant J.-C., l'écriture cunéiforme persista jusqu'au Iᵉʳ siècle de notre ère. Elle doit son nom à son élément de base : un trait horizontal, oblique ou vertical, à tête en forme de « coin » (*cuneus* en latin) produit par l'empreinte du calame de roseau dans l'argile* et dont l'agencement forme un signe*. Pictographique* à l'origine et comportant environ 800 signes,

elle évolua peu à peu vers l'abstraction. La consistance de l'argile fit privilégier les lignes droites, plus rapides à imprimer que les courbes, entraînant une déformation des images, un changement d'orientation* et un éloignement de leur valeur symbolique. Une dissociation se créa entre l'écriture officielle sur pierre*, qui conserva une lecture verticale jusque vers 1500 avant J.-C., et l'écriture cursive sur argile lue horizontalement de gauche à droite. Au milieu du IIIᵉ millénaire, deux langues sémitiques, l'akkadien* en Mésopotamie et l'éblaïte en Syrie du Nord, furent écrites dans ce système*, adopté ensuite par les peuples voisins pour transcrire des langues de familles différentes : l'élamite* en Iran, le hittite et le hourrite en Anatolie* et Syrie du Nord. Au Iᵉʳ millénaire, les Ourartéens, rivaux des Assyriens installés autour du lac de Van (Turquie orientale), choisirent encore l'écriture cunéiforme pour noter leur langue, tandis que l'écriture araméenne* alphabétique (voir Alphabet) commença à la faire régresser dans sa région d'origine.

Le système suméro-akkadien inspira deux écritures dérivées. Au XIVᵉ siècle avant J.-C., le port d'Ougarit sur la côte syrienne adopta un alphabet consonantique de 30 signes, peut-être adapté d'un autre de 22 signes inventé plus au sud, pour transcrire son langage sémitique et sa littérature*. Un autre système cunéiforme simplifié nota le vieux perse, langue indo-européenne des souverains de l'Empire achéménide (539-333 avant J.-C.). Il consista en un « alphabet syllabique » de 36 signes plus 4 idéogrammes* et un séparateur de mots. BAS

■ **DÉCHIFFREMENT**
Mode d'emploi

Pour déchiffrer une écriture, il faut : une copie parfaite des signes* ; des textes longs et variés dont on note le nombre de caractères*, leur fréquence d'utilisation et leur position, ce qui permet de comprendre si chacun représente une lettre*, une syllabe ou un mot, correspondant à une écriture alphabétique*, syllabique*, idéogrammatique ou composite ; la connaissance du contexte géographique et historique du document, permettant de proposer un rattachement linguistique à un groupe connu (langue sémitique, indo-européenne...) et donc de tenter l'attribution de valeurs phonétiques aux caractères. On essaye alors de localiser des noms (titres royaux, noms de lieux connus par des textes lisibles). À partir de leur lecture*, on identifie d'autres mots à l'aide des signes repérés, on en détermine la grammaire par la philologie comparée, et les principes d'orthographe qui régissent l'écriture. Le processus est plus facile si l'on a un texte bilingue (voir Champollion).

Il reste des écritures non ou mal déchiffrées parce que les inscriptions sont trop courtes ou trop répétitives et la langue inconnue (linéaire A crétois, écriture de l'Indus). Parfois, l'écriture est déchiffrée mais la langue illisible (l'étrusque*, dont l'écriture est proche du grec* mais la langue isolée) ou mal connue (l'élamite, l'ourartéen cunéiformes ; le hourrite a récemment bénéficié de trilingues lexicales) ; ou bien encore la langue est connue car il en existe des formes plus récentes, mais la clé de l'écriture est perdue (voir Méso-Amérique). BAS

Caillou Michaux.
Babylone, début
du XIᵉ siècle
av. J.-C.
Serpentine noire,
45 × 20. Paris,
BNF, Médailles,
Chabouillet 702.

■ **Déchiffreurs**

Dès le XVIᵉ siècle, conquérants et voyageurs essayèrent d'étudier des écritures oubliées. L'évêque espagnol Diego de Landa tenta de rescusciter la signification des glyphes de la civilisation maya ; en 1621, l'Italien Pietro Della Valle copia avec exactitude cinq signes* cunéiformes* de Persépolis, en déduisit qu'ils appartenaient à une écriture et qu'ils se lisaient de gauche à droite, par un raisonnement qui préfigure l'attitude scientifique du XVIIIᵉ siècle ; l'Allemand Athanase Kircher publia vers 1650 une grammaire copte, prélude à la compréhension des hiéroglyphes*. Mais le premier déchiffreur d'une écriture, fut l'abbé J.J. Barthélemy, un érudit du siècle des Lumières. Pétri de culture classique, il définit les principes de base d'un déchiffrement en 1754, décrypta l'alphabet* phénicien à partir d'une bilingue grecque* et devina que les cartouches égyptiens contenaient des noms royaux. L'expédition d'Égypte de Bonaparte, le développement des ambassades diplomatiques et scientifiques auprès de la Sublime-Porte et du shah de Perse à la fin du XVIIIᵉ et au XIXᵉ siècle, le début des fouilles archéologiques provoquant une abondance de

documents et la découverte de nouvelles écritures exaltèrent les enthousiasmes.

Curiosité, intuition, don des langues et goût des codes, acharnement, solide culture classique et jeunesse sont les qualités que possédaient J.-F. Champollion*, H.C. Rawlinson* ou M. Ventris (1922-1956) [voir Égéennes], qui laissèrent leur nom au déchiffrement des écritures égyptiennes*, cunéiformes et linéaire B. Le temps leur a donné une aura romantique. Un déchiffrement est œuvre de patience. De nombreux savants, dont certains sont méconnus, y apportèrent une pierre, souvent au prix de rivalités ou jalousies propices à l'émulation, ou de fausses routes relançant une analyse méthodique. Mais beaucoup de découvertes sont encore à venir… BAS

La Pierre de Rosette.
Décret
de Ptolémée V,
Memphis, 27 mars
196 av. J.-C.
Basalte, h. 174.
Londres,
British Museum.

*Portrait de
Jean-François
Champollion*
par Léon Cogniet,
1831.
H/t 73,8 × 60.
Paris, musée
du Louvre.

E.11.15.4

*Le Scribe royal Nebmertouf
aux pieds du dieu Thot.* Règne
d'Aménophis III, 1400 av. J.-C.
Schiste. Paris, musée du Louvre.

■ DIEUX

es différentes traditions mythiques qui racontent la naissance de l'écriture la présentent comme une invention liée à une sagesse d'inspiration divine, mais elle s'y révèle tantôt comme un don des dieux tantôt comme une création prométhéenne sous le signe de la démesure.

En Mésopotamie, l'art scribal est lié à l'entourage d'Enki/Ea, dieu de la sagesse. En établissant les valeurs de la civilisation, il confia l'écriture et la fonction de scribe* à la déesse Nisaba, à l'origine une divinité des roseaux servant à fabriquer le calame. Les pouvoirs d'Ea en tant que dieu de la magie et de la divination s'accroissent avec le développement des sciences* et se transmettent à ses descendants. Lorsque son fils Marduk devint chef du panthéon de Babylone, Nabû, fils de Marduk, fut alors désigné pour consigner par écrit les sorts fixés par son père sur le podium des destins. Il est « nimbé de la splendeur divine, un sage au vaste savoir qui maîtrise l'écriture et dont les décisions sont sans appel ».

Les Égyptiens pensaient devoir leur langage et les signes* de leur écriture à Thot, le dieu-Lune, représenté avec une tête d'ibis ou sous forme de babouin, scribe des dieux et maître de la sagesse, des magiciens, de l'astronomie et du calendrier, régnant sur toutes les disciplines intellectuelles, car il est le verbe du créateur.

Dans les mythes archaïques chinois, les premiers signes d'écriture que Tsang-Kié traça sur le sol en s'inspirant des figures divinatoires firent, dit-on, trembler les dieux de rage, parce qu'un simple mortel pouvait par eux révéler des secrets réservés aux immortels. Ils ne trouvèrent d'issue qu'en lui assignant le statut d'un demi-dieu.

Les traditions qui accordent à l'écriture une origine divine doivent toutes rendre compte de sa double nature. On sait en effet que ce sont des hommes qui ont tracé les premiers signes, mais il faut pourtant expliquer cette étrange énergie qui est en l'écriture (à moins simplement qu'elle ne représente un enjeu de pouvoir trop important pour ne pas être sacralisé…).

Le récit talmudique est à cet égard significatif : il évoque une première naissance au mont Sinaï où Dieu lui-même, avec un doigt de feu, trace les lettres* sur les Tables de pierre*, puis raconte comment Moïse, ayant brisé les tables dans sa colère de voir le peuple d'Israël prosterné devant le veau d'or, remonte sur la montagne et écrit en personne sous la dictée, dans le ressouvenir d'une graphie* divine irrémédiablement perdue.

Pareillement, dans la tradition islamique, l'écriture tracée par les hommes renvoie à une écriture divine originelle scellée dans les « Tables conservées », dont les signes ont présidé à la naissance du monde.

La tradition grecque constitue à cet égard une exception notable : l'alphabet* grec* ne vient pas des dieux, illettrés pour la plupart, mais des hommes. Reflet fidèle de la parole humaine, il participe à la création de la cité. BAS ET AZ

Henri Michaux,
Sans titre, 1967.
Gouache sur
papier, 38 × 29.
Paris, galerie
Lelong.

Ductus

Une écriture naît sur la page*, une main y trace la singularité de chaque caractère* dans une chaîne de signes* d'écriture qui peu à peu remplissent l'espace : dans l'accomplissement de ce mouvement, de cette trajectoire, un outil* laisse des traces, donne à l'écriture son visage ; le tracé est interrompu ou au contraire les lettres* sont réunies selon un fil continu. Du latin *ductus*, « conduit », le ductus est la manière de construire un signe d'écriture et de le lier ou non aux autres avec le bon geste, c'est-à-dire en respectant un certain nombre de règles. Tout signe d'écriture (lettre, caractère idéographique, glyphe) se compose d'un ou de plusieurs traits rectilignes ou courbes : le ductus indique celui par lequel on doit commencer, le sens du tracé (de haut en bas, de bas en haut ou en diagonale), le sens de l'attaque d'une courbe (dans le sens des aiguilles d'une montre ou en sens inverse), enfin la succession avec laquelle les traits

Auguste
Tuphême
(1836-1898),
La Dictée (détail).
Aix-en-Provence,
musée Granet.

composant la lettre doivent être réalisés. Il suggère aussi, selon le style* choisi, l'épaisseur du trait, l'intensité et la vitesse du geste, la hauteur (le calibrage) des signes. Il dit comment les faire se côtoyer, se joindre grâce aux ligatures, comment les organiser en mots, en phrases. Cependant la capacité d'invention de celui qui écrit lui permet de se projeter dans un tracé, de choisir lui-même l'espace de sa fantaisie. AB

Écrivain

« Où commence l'écriture ? Où commence la peinture ? » s'interroge Roland Barthes dans *L'Empire des signes*. Par dérision autant que par pur plaisir, l'écrivain termine précisément son *Roland Barthes par lui-même* en traçant quelques traits abstraits et une ligne censée « imiter » l'écriture qu'il légende en ces termes, devenus célèbres : « La graphie* pour rien... ou le signifiant sans signifié. »

« Je peins comme j'écris », précisera Henri Michaux dans la préface du catalogue d'une de ses expositions. Faut-il deviner, derrière ces propos un brin provocateurs, une quelconque coquetterie d'artiste ? Certes non ! Michaux fait partie de cette génération hybride de poètes – et ils sont nombreux en ce XXe siècle – qui troquent avec une virtuosité éblouissante la plume pour le pinceau. Non par simple désœuvrement, aussi génial soit-il, tel un Victor Hugo et ses encres* visionnaires au siècle dernier. Il s'agit, ni plus ni moins, d'abolir la frontière qui d'ordinaire sépare ces deux sœurs jalouses que sont l'écriture et l'image. C'est ainsi Franz Kafka griffonnant comme par accident, dans la

marge de ses manuscrits, des croquis qui ressemblent à s'y méprendre à son œuvre écrite, funambule, humoristique et angoissée tout à la fois. C'est aussi Guillaume Apollinaire et ses poétiques *Calligrammes**, tentative ludique d'adéquation de la forme et du fond. C'est enfin et surtout Henri Michaux et son exploration intime d'un signe* tracé, ambivalent, androgyne ; alphabet* égoïste et personnel de celui qui affirmait crânement : « Peindre, composer, écrire : me parcourir. Là est l'aventure d'être en vie. » BGS

■ Égéennes et chypriotes (écritures)

C'est l'Anglais A. Evans qui, vers 1900, reconnut trois écritures crétoises de l'âge du bronze : les « hiéroglyphes* de Crète », non déchiffrés, écrits essentiellement sur des sceaux de pierre*, vers 1900-1600 avant J.-C., le « linéaire A » (XVIIIᵉ-milieu du XVᵉ siècle avant J.-C., non déchiffré), dérivant probablement des hiéroglyphes, écrit sur des tablettes* d'argile* constituant les archives comptables et administratives des palais minoens et sur des objets de pierre ou de métal (dédicaces religieuses ?) ; enfin le « linéaire B » (vers 1450-1250 avant J.-C.), qui en dérive. Les tablettes d'argile trouvées à Pylos et à Mycènes dans des bâtiments officiels incendiés permirent à M. Ventris et J. Chadwick, en 1952-1953, de comprendre que l'écriture « linéaire B » notait un dialecte grec*, parlé et répandu par les Mycéniens sur le continent grec et en Crète. Orientée de gauche à droite et en lignes horizontales, elle comporte 87 signes* syllabiques utilisés phonétiquement et des idéogrammes*, figuratifs ou non. Les documents sont administratifs – listes et comptes conservés dans des paniers.

Michael Ventris.

À Chypre, Evans reconnut une écriture apparentée au linéaire A égéen, syllabique, d'environ 100 signes, qu'il nomma « chypro-minoenne » (vers 1500 avant J.-C.) ; une deuxième phase (vers 1250-1150) utilise une graphie* différente et un système* de 55 signes. Elle évoluera vers le « syllabaire chypriote » de 55 signes, notant un dialecte grec écrit sur des supports* variés ; ce système archaïque dura jusque vers 300 avant J.-C., mais fut concurrencé par l'écriture alphabétique grecque utilisée depuis le VIᵉ siècle avant J.-C. BAS

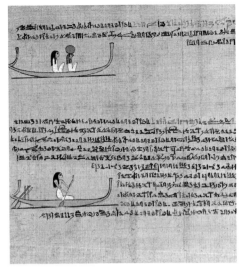

Le Livre des morts. Papyrus écrit en caractères hiératiques. Paris, BNF, Mss or., Égyptien 77.

■ Égyptiennes (écritures)

L'Égypte inventa l'écriture vers 3200-3150 avant J.-C. Ses signes* de base en sont les hiéroglyphes*, des pictogrammes* dont le nombre oscilla entre 750 et 1 000 et qui furent utilisés jusque vers l'an 400 de notre ère. D'abord gravés sur des stèles pour noter des fonctions et des noms, et sur des tablettes* et ostraca livrant des dates et des informations administratives, ils furent rapidement réservés aux contextes monumentaux. Très vite, l'écriture « hiératique », aux signes simplifiés adaptés à une écriture cursive sur papyrus*, les remplace pour noter les textes administratifs, littéraires, religieux et scientifiques. Son usage fut ensuite limité aux documents religieux (d'où son appellation grecque *hieratika*, « ce qui est sacré »). C'est vers 600 avant J.-C. qu'apparaît l'écriture « démotique » (*demotika*, « populaire »), à usage quotidien et administratif, au graphisme cursif et abrégé. À partir de l'époque ptolémaïque, le démotique transcrit des textes littéraires et scientifiques et fut utilisé sur pierre* (pierre de Rosette). Il resta en usage jusqu'au Vᵉ siècle. Les trois écritures, dont l'orientation* de base est de droite à gauche, transcrivent le même système*, inventé pour les hiéroglyphes et comportant trois types de signes : idéogrammes*, déterminatifs idéographiques, phonogrammes* consonantiques dont 24 signes exprimant un phonème simple, appelés par Champollion* « alphabétiques », non utilisés comme tels par les Égyptiens, mais qui facilitèrent le déchiffrement*. Les voyelles ne sont pas notées. Au IVᵉ siècle avant J.-C., la langue égyptienne (appartenant à la famille chamito-sémitique) fut, en outre, notée par l'écriture « copte » alphabétique, qui comporte les 24 lettres de l'alphabet* grec* et 7 caractères* démotiques. Elle est encore utilisée dans la liturgie des chrétiens d'Égypte. Les hiéroglyphes influencèrent la forme des lettres* de l'écriture alphabétique proto-sinaïtique (vers 1550 avant J.-C.) et de l'alphabet méroïtique (Soudan, IIᵉ siècle avant J.-C.). BAS

Double page suivante : Cécile, *Thèbes, vue du temple de Louxor* (détail), 1798-1801. Aquarelle. Paris, musée du Louvre.

■ Élamites (écritures)

L'élamite est une langue antique de l'Iran du Sud-Ouest. Elle fut écrite du IIIe au Ier millénaire avant J.-C., essentiellement par une adaptation du système* cunéiforme* suméro-akkadien, retenant peu d'idéogrammes* et un syllabaire de moins de 100 signes*. Les textes proviennent surtout de l'ancienne ville de Suse et, au IIe millénaire, des hautes terres alentour. D'autres types d'écriture notèrent épisodiquement cette langue.

L'Élam inventa l'une des premières écritures. Entre 3100 et 2900 avant J.-C., Suse développe un système de comptabilité et de notation graphique original, l'écriture « proto-élamite ». Servant de moyen de communication administratif et comptable, elle comporte des signes pictographiques et abstraits, imprimés dans l'argile* sur le modèle mésopotamien, bien que leur fonctionnement en ait été indépendant. Ce système, non déchiffré, qui se répandit sur le plateau iranien, n'eut pas d'évolution. Un autre essai d'écriture nationale est attesté vers 2100 avant J.-C. Dite « élamite linéaire » à cause de son graphisme, elle est essentiellement syllabique. Des textes monumentaux reflètent l'idéologie d'un État bilingue (monuments digraphes en élamite et en akkadien). Mais quelques cônes d'argile sont peut-être des documents administratifs : cette écriture est en cours de déchiffrement*. Par la suite, le cunéiforme deviendra le seul moyen de communication écrite en élamite. BAS

■ Encre

L'invention de l'encre remonte à la plus haute Antiquité : les hypogées égyptiens* ont en effet livré des papyrus* portant des signes* hiéroglyphiques* tracés à l'aide de ce matériau. À l'autre bout du monde, la Chine faisait elle aussi usage de l'encre, mais obtenue au noir de fumée. Nous ignorons toutefois à quelle époque fut inventée l'encre à base de fer. Si l'écrivain grec Philon de Byzance semble en attester l'usage dès le IIIe siècle avant J.-C., la première véritable recette d'encre proprement ferrique a été relevée sur un papyrus conservé à Leyde datant du IIIe siècle de notre ère. « 1 drachme de myrrhe, 4 drachmes de misy, 4 drachmes de vitriol, 2 drachmes de noix de galle, 3 drachmes de gomme », telle en serait la composition. Si l'on voulait résumer l'importance de cette petite invention dans l'histoire des écritures et de leur transmission*, il suffirait de dire que notre civilisation occidentale est celle de l'encre au fer. Sans ce mélange subtil de tannin et de sulfate ferreux, combien de manuscrits* médiévaux n'auraient tout simplement pas

Hache votive élamite. Tchoga-Zanbil (près de Suse, Iran), fin du XIVe siècle av. J.-C. Argent et électrum, 5,9 × 12,5. Paris, musée du Louvre.

tout à fait étrange. Figure-toi une énorme cafetière flanquée au dessous du ventre de quatre théières moins grosses. ce serait laid si ce n'était grand. la grandeur sauve.
autour de ce géant de clochers imagine des places et des rues irrégulières, tortues, étroites, sinueuses, bordées de hautes maisons de brique et de pierre à pignons taillés du quinzième seizième, ou siècle ou à façades contournées de tu auras une idée d'une ville de Flandre.
La place de l'hôtel de ville à Mons est particulièrement jolie. l'hôtel de ville a une belle devanture ogive du quinzième siècle avec un assez curieux beffroi rococo, et de la place on aperçoit en outre les deux

Victor Hugo, *Lettre autographe à Adèle Hugo.* Bruxelles, 18 août 1837. Paris, BNF, Mss, Naf 13391.

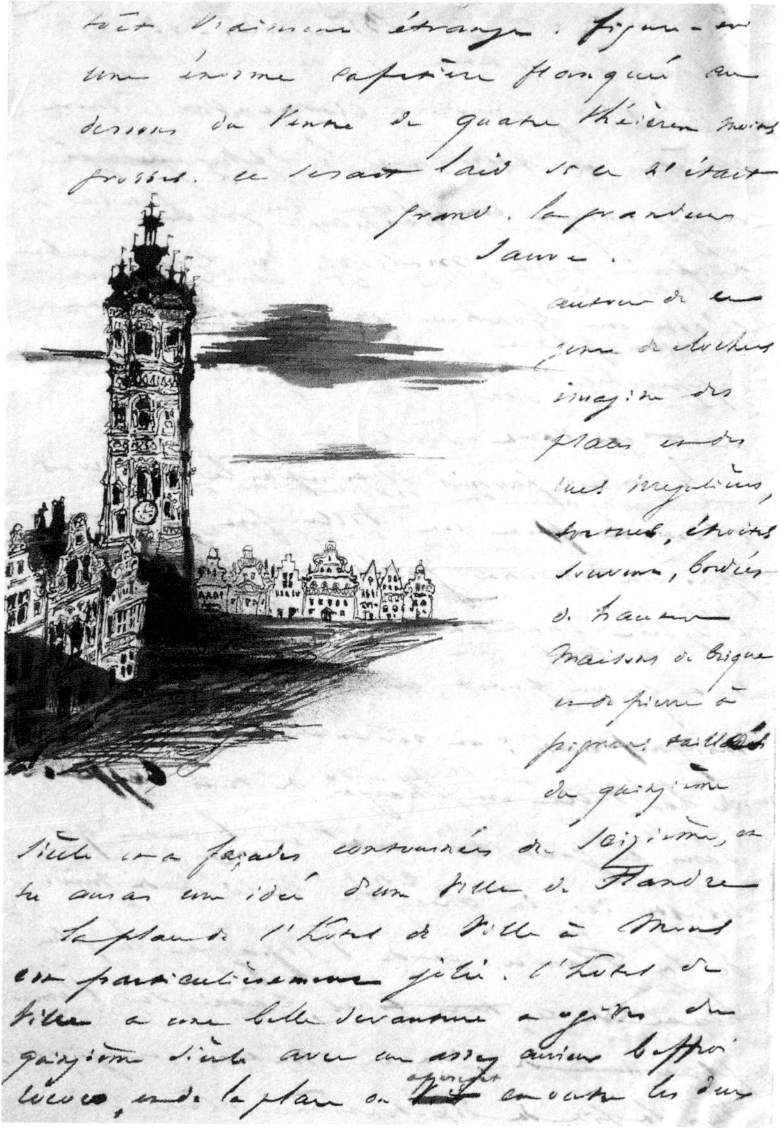

vu le jour sous la plume souple du copiste* ! Bien moins épaisse que l'encre antique, l'encre ferrique sait ainsi se montrer docile, douce, visqueuse à souhait. N'est-elle pas composée précisément pour descendre sans heurts de la plume jusqu'au parchemin*, lui-même sagement incliné sur un pupitre ? Les calligraphes* extrême-orientaux préféreront quant à eux mélanger le noir de fumée à de la colle plutôt qu'à de la gomme arabique, opération délicate qui se verra faciliter, au IIe siècle de notre ère, par l'invention du bâton à encre. Pour broyer ce dernier, patience et minutie sont de rigueur : libre alors à l'imagination du peintre de vagabonder… Fascinés par son étrange pouvoir de séduction, écrivains* et poètes occidentaux célébreront eux aussi la part irréductible de mystère qui réside dans toute « trace d'encre », qu'elle soit tache fortuite ou signe concerté… BGS

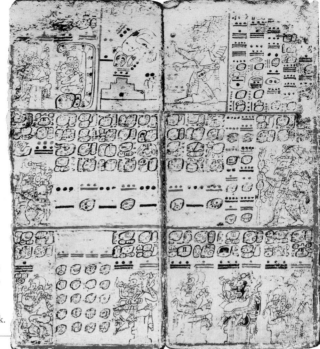

Glyphes mayas.
Codex de Dresde,
(pages 30 et 31).
Dresde,
Sächsische
Landesbibliothek.

◼ ÉNIGME,
« Écritures solaires, écritures de la nuit »

La première face que tourne vers nous l'écriture est celle de l'énigme, car elle n'est lisible qu'à ceux qui ont la connaissance du code : les signes* d'écriture ne sont jamais directement accessibles, ils relèvent toujours d'une convention et d'un apprentissage. Même dans les systèmes* pictographiques, la notation des objets simples n'est jamais transparente : l'eau, par exemple, sera indiquée en Chine par une évocation du courant, chez les Aztèques par la couleur bleue à l'intérieur d'un récipient, par une vague de profil chez les Égyptiens. Dans les systèmes alphabétiques, l'arbitraire de la graphie* est totale : les signes ne ressemblent pas au son qu'ils désignent, ils sont déguisés comme les figures mystérieuses qui traversent nos rêves.

Écrire c'est pouvoir dire sans être entendu, tracer silencieusement des signes mais aussi réserver le message à ceux qui ont la clé du code. Il suffit, pour brouiller la lecture*, d'en complexifier à l'excès le code en déformant les graphies sous l'effet de la vitesse, en les compactant jusqu'à les rendre méconnaissables, ou, dans un système alphabétique, en jouant avec l'ordre des lettres* à l'intérieur des mots de manière à cacher un deuxième texte sous le premier.

Pourtant la puissance de l'énigme ne réside pas seulement dans le provisoirement ou potentiellement illisible, mais plus profondément dans la manifestation d'un écart entre le contenu linguistique d'un message et sa signification totale ; elle est ce qui affirme l'existence d'un sens ou d'une vérité débordant largement le vocabulaire. Part silencieuse de l'écriture, vibration au-delà de la parole articulée ou image au-delà du discours, certaines traditions plus que d'autres en ont eu l'intuition. Les glyphes mayas, par exemple, sont une écriture obscure, leur nom même, « ak'ab ts'ib », signifie « lettres de nuit ». Aux antipodes, la légende égyptienne du dieu* Thot enseigné par Rê, le dieu du soleil, illustre la luminosité de l'écriture : liée à un mythe solaire, l'écriture égyptienne permet à l'homme auquel elle transmet les paroles d'éternité d'accéder à la connaissance suprême. AZ

Enluminure du Maître de Bedford extraite des *Grandes Heures du duc de Berry*, 1409. Paris, BNF, Mss occ., Latin 919 (f. 96).

■ Enluminure

Des rouleaux* de la basse Antiquité portaient des peintures modestes insérées dans la colonne de texte. Le passage au codex donna un champ nouveau au décor qui s'orienta vers l'enluminure, lumière et clarté de la page* où illustrations, lettres* ornées, encadrements introduisent des repères visuels qui facilitent la lecture*. L'initiale marque le début d'un chapitre ; distinguée d'abord par sa taille, elle devint entité décorative, ornée de personnages, d'animaux, d'un décor géométrique ou historié. Les antennes végétales échappées des lettres s'allongent au point de devenir encadrement, portant souvent de petites feuilles de vigne (d'où le mot « vignette » pour cette décoration) surmontées de figures burlesques.

Activité de moines, le métier d'enlumineur devint à l'époque gothique, par sa clientèle nouvelle (universités, amateurs de livres d'heures, de romans et d'histoires), une affaire laïque ; de véritables entreprises d'édition employaient à Paris ou ailleurs copistes*, correcteurs, enlumineurs : les uns ornaient lettres, bouts de lignes, paraphes et versets ; d'autres réalisaient bordures ou vignettes ; les « historieurs » peignaient les miniatures. L'usage de répertoires de modèles était courant ; la section « portraiture » de l'album de Villard de Honnecourt (XIIIe siècle) montre ainsi les canevas permettant de dessiner rapidement une scène. L'imprimerie ne bouleversa pas tout de suite la décoration du livre ; pendant longtemps les imprimeurs employèrent enlumineurs et graveurs pour peindre à la main ou sculpter sur bois initiales, fleurons, majuscules. Remplacée à la fin du XVe siècle en Europe par la gravure et la peinture de chevalet, l'enluminure continuera cependant à connaître sous d'autres cieux des jours magnifiques, notamment en Perse. AB

■ Éthiopien.

Voir Sud arabique

■ Étrusque

Remontant au premier quart du VIIe siècle avant notre ère, les plus anciens témoignages écrits en étrusque utilisent un alphabet* d'origine grecque*. C'est en effet l'époque où s'intensifient les relations entre le monde eubéen et le bassin moyen et inférieur de la mer Tyrrhénienne : l'Étrurie reçoit de Corinthe de la céramique peinte (services à vin, vases à parfum destinés à la toilette féminine…), tandis que les ateliers étrusques exportent à leur tour vers la Grèce et ses colonies des amphores d'*impasto* ou des boucliers de tôle de bronze.

La transmission* se fit probablement dans la région de Caere ou de Tarquinia, car c'est là que furent retrouvées les plus anciennes inscriptions. Des 26 lettres* d'origine de l'alphabet grec on est alors parvenu aux 22 lettres utilisées en Étrurie, en éliminant les consonnes sonores (*b*, *g*, *d*) et les voyelles vélaire (*o*).

Dans un premier temps, l'écriture semble se résumer à la manière de faire parler un objet – souvent fort précieux – au moyen d'une inscription indiquant le nom de son propriétaire. À l'origine d'essence aristocratique, l'usage de l'écrit semble pourtant se démocratiser dès le VIe siècle, accompagnant la nouvelle idéologie liée à l'essor de la cité. Hélas, si l'alphabet est désormais relativement connu, bien des mystères entourent

Fibule avec inscription étrusque sur étui. Chiusi (Étrurie), VIIe siècle av. J.-C. Or, 2,2 × 11,1. Paris, musée du Louvre.

encore la langue étrusque en dépit des milliers d'inscriptions recensées par les archéologues sur les supports* les plus variés (tablettes* en or de Pyrgi du Vᵉ siècle avant J.-C., bandelettes de lin enveloppant la momie d'une jeune femme d'époque gréco-romaine, aujourd'hui conservée à Zagreb...). Situation d'autant plus agaçante que les auteurs antiques ne tarissaient pas d'éloges sur le théâtre et la littérature* de l'ancienne Étrurie ! BGS

■ **Glyphe.** Voir Méso-Amérique

■ **Graphie**

Le suffixe « -graphie », qui entre dans la composition de nombreux mots (géographie, typographie), s'appuie sur la racine grecque *graphein* dans son sens de « dessiner », « décrire » ; quant au mot « graphie », il s'appuie sur le sens de « graver », « écrire », « tracer des lignes* droites ou courbes » de cette même racine ; il désigne d'une part le choix et l'organisation des signes* d'écriture à l'intérieur d'un mot, un même son pouvant avoir plusieurs graphies*, traditionnelles (ainsi pour le son /ver/, vert, vers, verre) ou fautives (phleur pour fleur), d'autre part la représentation et la forme de ces signes : le mot concerne alors leur tracé, impliquant toutes les constantes et les variations d'un foisonnement de graphies (voir Caractère, Lettre) qui changent selon le contexte culturel, les supports* d'écriture, les outils*, sans compter la fantaisie de chaque scripteur (voir Graphologie).
Les graphies possèdent une autonomie relative par rapport à un texte et peuvent être lisibles ou illisibles ; secrètes, ce sont les cryptogrammes, les lettres déformées, les écritures inventées. En Inde, une même graphie sanscrite peut recouvrir dix sens différents : les uns, savants, y trouvent dix sens, les autres deux ou trois ! Le sens caché des choses ne se fait que par la transmission* du maître à l'élève. Quand la graphie se rapporte à la sonorité – cas des systèmes* alphabétiques –, les lettres ont pour tâche de représenter graphiquement les éléments sonores d'une langue donnée : m.a.i.s.o.n., maison ; lorsqu'il s'agit de donner une forme écrite à ce qui est phonologiquement prononcé dans n'importe quelle langue, on parle de transcription phonétique : dans l'alphabet* phonétique international, /e/ désigne la voyelle mi-fermée de second degré d'aperture antérieure non arrondie ; les accents, la cédille ou l'apostrophe sont des signes diacritiques (voir Ponctuation). AB

Inscription étrusque sur tablette. Pyrgi, Vᵉ siècle av. J.-C. Or. Rome, Villa Giulia.

Lettre de Carle Vernet, 26 août 1806.

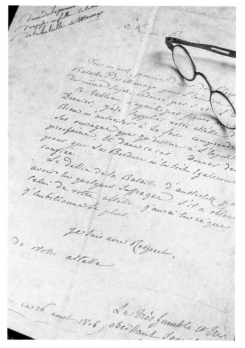

■ GRAPHOLOGIE
« L'écriture comme reflet du moi »

Il faut attendre la naissance de l'écriture personnelle pour que l'écriture manuscrite devienne un moyen d'expression individuel ; dans les siècles passés, on écrivait en se conformant à des normes (voir Style, Ductus). Au XIXᵉ siècle, cette contrainte se relâche, surtout en dehors de l'école, et l'écriture commence à refléter la personnalité. Dès le début du XVIIᵉ siècle, Camillo Baldi (1547-1634) avait introduit l'idée que l'on pouvait comprendre le caractère de quelqu'un à travers son écriture ; mais c'est vers 1848 que l'abbé Jean Hippolyte Michon invente vraiment la graphologie en observant l'un des professeurs du collège dont il est directeur, l'abbé Flandrin, qui, pour découvrir les aptitudes de ses élèves, leur demande une page* d'écriture ; développant cette méthode, il fait paraître le *Journal de l'autographe*, puis un peu plus tard *Les Mystères de l'écriture*. L'intérêt est immense. Il se crée alors une nouvelle discipline et, en 1871, J.H. Michon fonde la Société française de graphologie, dont ont fait partie des hommes célèbres comme Henri Bergson, Louis de Broglie, André Gide, Paul Valéry, le docteur Schweitzer, Jean Rostand. Considérant le tracé comme témoin de l'expression du développement psychomoteur, intellectuel et affectif d'une personne, les graphologues pensent qu'il est possible de découvrir le caractère de quelqu'un en observant son écriture, laquelle est le résultat d'un geste dans lequel il se projette. La méthode s'appuie sur l'étude de constantes dans les tracés, observés sur des documents originaux : dimension et forme de la lettre*, hampe, jambage, vitesse du trait, continuité, ligne* montante ou descendante, ordonnance de l'espace, marge, écriture droite ou penchée. Si une écriture se révèle calme ou nerveuse, appliquée ou non, énergique ou molle, on en déduira des éléments pour décrire le caractère d'une personne. La graphométrie étudie les éléments de l'écriture à partir d'agrandissements. De nos jours, de plus en plus d'entreprises soumettent les candidats à l'embauche à une étude graphologique ; elle est parfois demandée par les tribunaux à des graphologues assermentés pour comparer des écritures... AB

■ Grec

L'alphabet* grec n'aurait jamais vu le jour sans l'alphabet phénicien. Cette filiation directe se traduit dans l'appellation même qu'Hérodote assigna aux lettres* grecques : *phoïnikeïa grammata*, c'est-à-dire « lettres phéniciennes ». Cet emprunt allait révolutionner l'histoire de l'écriture tant ses conséquences furent grandes. Intermédiaire naturel entre l'alphabet sémitique et l'alphabet latin*, l'alphabet grec fut en effet le premier à consigner avec rigueur l'usage des voyelles... Les premières populations qui parlaient le grec – langue indo-européenne appartenant à la même famille que le sanscrit, le latin*, ou même les langues slaves et germaniques – venaient vraisemblablement du nord et firent leur apparition dans l'histoire au cours du IIᵉ millénaire avant J.-C. Sur place, ces individus rencontrèrent un autre peuple auquel ils empruntèrent à leur tour d'autres mots qui n'étaient pas d'origine indo-européenne comme la « mer » ou l'« olivier », des données concrètes qu'ils ne connaissaient pas. Or depuis les années 50, grâce aux travaux des savants anglais Michael Ventris et John Chadwick, nous savons déchiffrer le premier système* d'écri-

ture syllabique d'origine crétoise qui leur servit à transcrire leur langue. Peu adapté au grec, ce système de notation allait disparaître en même temps que la civilisation mycénienne et ses fastueux palais.

Après moult hésitations et tâtonnements, les Hellènes se tournèrent alors vers l'alphabet phénicien (probablement au milieu du VIIIᵉ siècle avant notre ère) en y greffant une innovation technique de taille : les voyelles. Ainsi naquit la lettre *alpha*, qui dérive de la consonne *aleph* de l'alphabet sémitique désignant le bœuf ; puis les autres voyelles *epsilon*, *omikron*, *upsilon* ; enfin les voyelles *iota* et *omega* suivies d'autres consonnes, elles aussi inventées dans un second temps (*phi, khi, psi*). Composé, dans sa totalité, de 24 lettres, le grec s'est d'abord écrit de droite à gauche, puis de gauche à droite, sans oublier le stade intermédiaire du boustrophédon (voir Orientation). BGS

Amphores à figures noires. Peintre de Diosphos, Italie, v. 500-490 av. J.-C. Paris, musée du Louvre.

■ Hébraïque (écriture)

La première écriture hébraïque naît entre le Xe et le Ve siècle d'une adaptation de l'alphabet* phénicien à des usages plus cursifs. Mais c'est de l'araméen*, adopté par les communautés juives après l'exil à Babylone, que descend l'hébreu « carré », forme actuelle de l'écriture hébraïque quasiment inchangée depuis son origine, constituée de 22 signes* consonantiques qui s'écrivent de droite à gauche.

Les premiers textes de la Bible furent notés en hébreu carré et c'est grâce à la Bible que la langue hébraïque a survécu et pu renaître.

La tradition talmudique assigne à l'écriture une origine surnaturelle. Le Livre de l'Exode raconte comment Dieu fit don à Moïse des tables de pierre* où il avait lui-même gravé les lois destinées à l'instruction des fils d'Israël.

Abrégé du Talmud d'Isaac Alfasi, avec le commentaire de Rashi de Troyes en écriture figurée, v. 1400. Paris, BNF, Mss or., Hébreu 311.

« Vingt-deux lettres* il les a gravées et les a sculptées, il les pesa et les mit en mouvement selon différentes combinaisons. Par elles il créa l'âme de toute créature et l'âme de toute parole » (Livre de la Création).

Pour la kabbale (à partir du XIIe siècle) les lettres sont des images du divin, les 22 consonnes* expriment l'essence de la création.

Le texte écrit sans ses voyelles demeure partiellement indéterminé car, si le squelette consonantique exprime la racine de sens, il reste, selon la vocalisation choisie, susceptible de diverses interprétations. En prononçant le mot, le souffle humain donne vie aux lettres, tout en apportant à celui-ci la limite d'un signifié unique. Dans leur double nature, écrite et orale, les lettres s'offrent ainsi à la fois à l'œil et à l'oreille, à la ressemblance d'un dieu* qui est en même temps silence et parole. AZ

■ Hiéroglyphes

« Hiéroglyphes » est le nom donné par les Grecs* aux caractères* pictographiques de l'écriture égyptienne* gravés sur des monuments religieux de pierre* : il signifie littéralement « les (lettres*) sacrées gravées ». Pour les Égyptiens, c'est « l'écriture des mots divins », le signe* étant nommé « image ». Le répertoire courant se compose de plusieurs centaines de signes, figuratifs ou symboliques, disposés en colonnes ou en lignes*, avec une préférence pour une lecture* de droite à gauche et de haut en bas. Mais les signes figuratifs sont toujours tournés vers le début de l'inscription et disposés dans l'espace de façon à former un ensemble esthétique et une harmonie entre représentation et écriture. En outre, les hiéroglyphes ont un pouvoir magique ; ils sont parfois tronqués pour les empêcher de nuire ou transformés en amulettes bénéfiques. Les textes funéraires (« Textes des sarcophages », « Livres des morts » à partir du Moyen Empire) sont écrits en hiéroglyphes cursifs, sur papyrus*. Pendant toute la fin de l'Antiquité et jusqu'à l'époque moderne, les signes égyptiens furent considérés comme des symboles occultes et non comme une écriture véritable, ce qui entrava longtemps leur déchiffrement* (voir Champollion).

D'autres écritures pictographiques furent nommés « hiéroglyphiques » par leurs découvreurs à cause de leur lointaine ressemblance avec l'écriture égyptienne. C'est le cas de l'écriture crétoise la plus ancienne, reconnue par A. Evans vers 1900 (voir Égéennes). Il en est de même pour l'écriture originale de l'Empire hittite (voir Anatoliennes) fondée sur des pictogrammes* aux formes symétriques suivant le sens alternatif de l'écriture boustrophédon, représentant des têtes d'animaux ou des parties du corps humain, des objets quotidiens et symboles religieux. Enfin, on appelle « glyphes » les signes des écritures méso-américaines (voir Méso-Amérique), qu'ils soient peints ou gravés en creux dans la pierre. BAS

■ Idéogramme

L'idéogramme, ou « signe*-idée », est un signe – pictographique, abstrait ou symbolique – qui transcrit un concept ou un mot pour sa signification et non pour sa valeur phonétique (on parle aussi de logogramme : « signe-mot »). Il peut

donc être lu dans plusieurs langues : ainsi, l'akkadien* emprunta l'écriture idéographique sumérienne*, le japonais l'écriture chinoise*. Le système* idéographique nécessite un grand nombre de signes et ne peut noter tous les éléments relationnels du langage. Le remède consistant à employer un même signe pour noter des mots ou des concepts voisins ou dérivés se révélant insuffisant, les écritures véritables transcrivant une langue parlée sont idéo-phonographiques (utilisant à la fois des caractères idéographiques et phonétiques) ou phonétiques (syllabiques ou alphabétiques) [voir Phonogramme]. Les chiffres ou les figures astronomiques conventionnels sont aussi des idéogrammes. BAS

Hiéroglyphes incrustés décorant le couvercle du cercueil de Djedthotioufankh. Hermopolis, IVe siècle av. J.-C. Pâte de verre et bois. Turin, Museo Egizio.

■ Imprimerie

Parmi les divers procédés d'impression utilisés très tôt en Chine (où dès le IXe siècle les dizaines de milliers de pages du Canon bouddhique étaient imprimées), la xylographie – planche de bois gravée pour imprimer en une fois une page* entière – resta longtemps, à côté de l'usage des estampages et des caractères* mobiles, le procédé le plus répandu. En Europe, au-delà du progrès technique, l'importance de l'apparition de l'imprimerie en caractères mobiles réside dans sa « force explosive ». La trouvaille de Gutenberg pour fabriquer en série des caractères typographiques (Mayence, 1450), liée à son application à un système* d'écriture simple comme l'alphabet* et à l'utilisation d'un support* peu coûteux, le papier*, permet une diffusion accélérée non seulement de l'écriture mais des idées (1631, *Gazette* de Théophraste Renaudot), ainsi que de nouvelles pratiques de la lecture* et de l'écriture. Elle est à l'origine d'un nouveau type de métiers et de la métamorphose de beaucoup d'autres : imprimeurs, libraires, écrivains*, traducteurs, distributeurs, colporteurs…

Les caractères mobiles furent peu à peu introduits dans les pays utilisant d'autres systèmes d'écriture que l'alphabet latin*, parfois avec réticence, soit parce que cette industrie ruinait les corporations de copistes* (dans l'Empire ottoman par exemple), soit parce que les signes* particulièrement nombreux ne se prêtaient pas facilement à la fonte et à l'utilisation des caractères typographiques. De nos jours, la lettre* est partout. Malgré son passage à travers des procédés si divers, du plomb à la rotative jusqu'à l'imprimante de l'ordinateur, il faut noter sa remarquable stabilité. Les joyeuses manipulations graphiques qu'elle subit n'ont jamais entravé sa lisibilité ; sinon, il s'agit d'art* et non plus de lecture ni d'écriture. AB

Tito Lessi (1858-1917), *Bernardo Cennini, premier imprimeur à Florence en 1471.* Rome, Galleria Comunale d'Arte moderna.

« *Gutenberg, messieurs et bons amis, ce que nous avons à vous dire aujourd'hui, c'est qu'il est mort… Les procédés nouveaux, s'ils sont appliqués dans un esprit graphique réactionnaire et passéiste, feront manquer à l'esprit humain l'occasion décisive de se créer enfin un langage visuel souple comme la musique, précis comme les mathématiques.* »

Maximilien Vox, *Mort de Gutenberg*, 1952.

Recueil de textes rituels du bouddhisme tantrique, XVIIᵉ siècle. Paris, BNF, Mss or., Sanscrit 1822.

▪ Indiennes (écritures)

L'écrit joue, dans la tradition indienne, un rôle important, mais essentiellement pratique (conserver, transmettre les textes sacrés) : la priorité n'est pas ici le livre* mais la parole.

L'emploi de l'écriture (exception faite de l'écriture de l'Indus au IIIᵉ millénaire) n'y est attesté que de manière tardive (IIIᵉ siècle avant J.-C.). On suppose qu'elle profita pour se développer de l'essor du bouddhisme, né au VIᵉ siècle avant J.-C., qui, à la différence de la tradition védique plus ancienne, n'avait pas de préjugé contre l'écriture. Pour les Vedas en effet, l'écriture est un moyen d'expression dégradé, voire impur : la Révélation énoncée dans une langue « parfaite », le sanscrit, ne peut être confiée qu'à la mémoire, elle s'apprend de la bouche du maître, se retient par cœur et doit pouvoir se réciter à tout moment car c'est dans la parole que réside l'essence de l'énergie divine.

Les écritures de l'Inde portent la marque de cette fidélité à la parole : elles s'appuient sur une analyse très fine de la langue dont elles s'attachent à noter chaque son avec une précision extrême. Ce souci de réalisme phonétique les conduit à une décomposition syllabique jugée moins artificielle que l'alphabet* (les consonnes* ne pouvant être prononcées sans voyelles). Chaque syllabe y est représentée par un seul groupe graphique où la consonne fait corps avec la voyelle qui suit.

La littérature* indienne écrite est constituée pour une large part d'épopées poétiques ou religieuses, ou d'hymnes dévotionnels faits pour être récités ou psalmodiés selon des rites précis. Diverses écritures ont servi à noter le sanscrit : la *kharosthi* (IIIᵉ siècle avant J.-C.- IIIᵉ siècle après J.-C.) et la *brahmi* (à partir du IIIᵉ siècle avant J.-C.) dont dérivent aujourd'hui toutes les écritures de l'Inde. AZ

« *L'absolu, c'est la Parole.* »

Aitareya Brahmana.

67

IN HOC CODICE CONTINENTUR SCI ATHA
NASII EPI DINAE LIBR VII OSPCI SCO ECO LIB I
ALTERCATIO ECO CARRO SABELLO FOTH EPI P
TAM AD EVO EPIA AHANASII ADLVCIFRV SOLVT
OHES OBLETON ARRHOR CLIGLI EPI CNTN
STIV ET EVTCHEN LIB III INOFHSIOE EPIA LEOHS LI
BERI INOFEHSIOE SINODI CALCEODEHSIS LI
BERI EPIA PTII EPI RVE NATIS AD EVTICHEN RBM

3624
1683

Pseudo-Virgile
de Thapse,
Sur la Trinité.
France, XIIe siècle.
Paris, BNF,
Mss occ.,
Latin 1683 (f. 1).

■ Latine (écriture)

Les Étrusques* installés en Toscane adoptent dès le VIIIe siècle avant J.-C. une écriture (26 lettres*) issue d'un alphabet* grec* archaïque de type occidental. Bien que soumis par Rome, ce peuple l'influence culturellement : vers le IVe siècle avant J.-C., son alphabet sert à créer l'alphabet latin qui, au IIIe siècle avant J.-C., se compose de 19 lettres ; à peu près constitué aux environs de l'ère chrétienne, il s'impose alors sur une vaste aire géographique.

La capitale romaine délibérément disciplinée, celle qu'on admire entre autres sur les inscriptions sur pierre*, laisse ensuite la place à la capitale rustique ; apparaissent une minuscule cursive et une minuscule « onciale » pour les livres* de luxe, tandis que naît une nouvelle écriture cursive facilitée par le passage du rouleau* de papyrus* aux feuilles reliées en cahier. Les écritures mérovingiennes, presque illisibles, sont remplacées sous Charlemagne par une écriture plus claire, la minuscule « caroline » ; grâce au rayonnement de l'abbaye de Corbie, grâce à des villes comme Tours et Aix-la-Chapelle, elle se répand à travers de vastes régions. On retrouve son influence à la Renaissance dans l'écriture humanistique proche de celle d'aujourd'hui. L'alphabet subit au cours des âges quelques aménagements concernant surtout les signes* de renfort (accents, cédille, tilde) et la ponctuation*. En France, on utilisa des lettres qui ont disparu (*é* cédillé) ou des abréviations dont subsiste l'esperluète, &. Chaque langue a aménagé l'alphabet latin selon son système linguistique, en ajoutant des lettres et des signes diacritiques, comme, par exemple, le vietnamien ou le turc. AB

■ LECTURE
« Une sphère d'intimité »

Le miracle de la lecture et de l'écriture, c'est de créer, grâce à l'inépuisable combinatoire des signes*, une médiation entre la pensée et la voix, l'œil et l'oreille ; seul l'initié a le pouvoir d'opérer ce miracle, que son déchiffrement* soit laborieux ou fluide. Lecture et écriture constituent deux activités différentes exigeant des apprentissages distincts (plutôt sonores pour la lecture, plutôt silencieux pour l'écriture), mais toujours fondés sur l'effort, même si la méthode est ludique. Au XVIIIᵉ siècle, Mademoiselle Duteil donnait à Paris « Les Épines changées en roses, jeu nouvellement inventé pour apprendre à lire aux enfants en très peu de temps », sous forme d'un jeu de l'oie aboutissant au palais de la Culture ! Longtemps lire a consisté à prononcer des mots à voix haute. Au Moyen Âge, les conditions matérielles de la graphie* imposant le déchiffrage des mots un

par un et l'usage de l'appareil phonatoire, on faisait appel autant à la mémoire qu'aux yeux ; d'où l'étonnement du jeune Augustin devant saint Ambroise le voyant s'affranchir de cette servitude vocale : « lorsqu'il lisait, ses yeux couraient sur les pages du livre* mais son esprit s'arrêtait pour en pénétrer l'intelligence ; sa langue et sa voix se reposaient. Étant souvent entré dans sa chambre dont la porte n'était jamais fermée à personne…, je le trouvais lisant tout bas, et jamais d'une autre sorte… » (*Les Confessions*, livre VI, chap. III). La lecture silencieuse crée entre le lecteur et le texte une sphère d'intimité ; « écrire » prend alors le sens de composer (voir Écrivain). L'imprimé provoque « l'étouffement des échos de la voix vive », mais permet la lecture de masse. Cependant, rares sont ceux qui peuvent déchiffrer plus de trois ou quatre systèmes* d'écriture existant dans le monde ; « idéographique ou phonétique, hiéroglyphique ou alphabétique, comme il est fascinant le pouvoir qu'exerce sur nous tout écrit, même si nous ne le comprenons pas ! » (Jean Tardieu). AB

Lecteurs consultant des ouvrages enchaînés dans une salle commune. Chantilly, musée Condé, Ms. 297 (f. 130).

VICTOR HUGO

■ LETTRE

L a forme comme l'évolution des signes* composant le corpus d'un système* d'écriture est à distinguer du système lui-même en tant que concept. Dans les systèmes alphabétique et syllabique où un signe égale un son, on a choisi de lui donner la forme d'une lettre, signe graphique qui, généralement seul ou parfois combiné avec d'autres, représente un phonème ou un groupe de phonèmes (a, ψ, *psi* grec*, ph pour /f/). On a parfois confondu son et lettres. Ailleurs, comme dans les hiéroglyphes* égyptiens* par exemple, le son est enfoui dans un agrégat de signes dont certains sont phoniques et d'autres non, tels les déterminatifs qui guident seulement le sens. La lettre ne permet pas ce genre de reste ; c'est pourquoi elle est utilisée pour les symboles scientifiques et mathématiques comme la célèbre lettre grecque π. Quant aux chiffres, ce sont des idéogrammes*.

Les systèmes idéographiques utilisent des caractères* (chinois*) ; les systèmes méso-américains* emploient des glyphes. Un jour, une forme donnée est devenue pictogramme* – petit dessin d'une maison par exemple – et on lui a associé le son de la chose qu'il représentait : *beit* (« maison » dans les langues sémitiques) ; peu à peu, au lieu de signifier « maison », ce signe s'est mis à dire le début du son qu'il enfermait sous son habit : /b/, comme *beit* (voir Phonogramme). Devenu lettre, il entama une lente évolution de sa graphie* jusqu'au B de l'alphabet* latin*, au ‿ de l'alphabet arabe*, au Б de l'alphabet cyrillique. La lettre A provient d'un pictogramme mésopotamien en forme de tête de bœuf qui s'est lentement retourné : nommée *aleph* chez les Phéniciens, elle était consonne* ; voyelle chez les Grecs sous le nom d'*alpha*, elle devint romaine sous le nom de A. L'histoire de la lettre concerne les mille mondes de la calligraphie* et de la typographie (voir Imprimerie). Elle parle des modules, des mises en ligne*, du ductus*.

Manuscrite ou imprimée, majuscule ou minuscule, la lettre, d'abord image du monde, est peu à peu devenue image de l'homme, calibrée selon « la bonne proportion » (Geoffroy Tory, XVIᵉ siècle). Après lui avoir donné la forme de son corps, l'homme continue de la faire évoluer et danser selon son rythme ; mais comme ses créations lui échappent toujours, elle reste pour lui mystérieuse, comme l'enfant se dérobe à ses géniteurs pour vivre de ses propres forces. AB

Victor Hugo (1802-1885), *Rébus amoureux pour Léonie d'Aunet*. Lavis, encre, aquarelle et gouache, 32,5 × 20,6. Paris, Maison de Victor-Hugo.

« La lettre se dresse, fière, sur le livre, mais ce qu'elle signifie, c'est l'énigme. »

Jón Oskar, *Pensée et parole*, 1921.

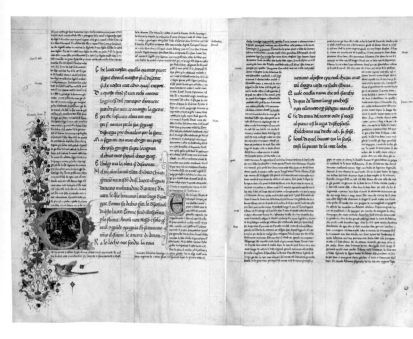

Ligne

Le premier « symptôme » d'une écriture est assurément l'alignement des signes*. Il est la projection graphique de la syntaxe et de sa capacité à construire des messages.

La dynamique linéaire qui porte la page* effectue la mise en ordre des « objets » du monde : elle les range, les calibre, et ainsi en assure le classement, l'inépuisable liste. C'est autour de la ligne que se construit l'architecture* particulière de la page : elle organise des trajectoires, oriente l'espace selon des sens de lecture* qui varient selon les cultures – de gauche à droite, de droite à gauche, en cercle, en spirale, en « dents de requin » (lorsque les signes se retournent à chaque ligne) ou en boustrophédon. L'écriture se déploie selon les quatre points cardinaux. Écrire c'est toujours se déplacer d'un point à un autre.

Fil du temps ou fil d'Ariane, cordon ombilical ou écheveau du destin, elle semble tracer une frontière entre les dieux* et les hommes, surplombant les lettres* dans les écritures hébraïques* ou indiennes*, orgueilleusement franchie par les capitales grecques* ou latines*.

Si la ligne semble organiser de manière tyrannique la mise en page (il n'est que de songer aux « réglures » rigoureuses tracées par les copistes* médiévaux, avant toute écriture, pour délimiter les frontières du texte et guider la calligraphie* des lettres, ou aux lignes de nos cahiers d'enfant), il existe aussi, depuis que l'imprimerie* a séparé page à écrire et page à lire, une page sauvage, déréglée, affranchie de la mise en ligne rectiligne : c'est la page blanche, lieu pour l'écrivain* de tous les possibles. AZ

Dante, *La Divine Comédie* (au centre des pages), avec le commentaire de Benvenuto da Imola.
Venise, XVe siècle.
Paris, BNF,
Mss occ., Italien 78.
(f. 53vº-54).

■ LITTÉRATURE : Hymnes, prières, contes, épopées...

La grande littérature n'apparaît qu'au stade évolué d'une écriture capable de noter les nuances de la langue et la poésie ; elle en représente l'aboutissement : Dante ou Homère auraient-ils composé *La Divine Comédie* et l'*Odyssée* sans l'écriture ? Sans elle les livres sacrés n'auraient pas propagé les religions. Les premiers essais littéraires identifiables furent écrits, avec une grammaire sommaire, vers 2600 avant J.-C. à Sumer ; ils relèvent encore de la tradition orale antérieure qui ne fut jamais abolie et il fallut plusieurs siècles avant qu'ils atteignent la forme écrite dans laquelle ils furent transmis. L'enseignement, la sauvegarde de la tradition et la propagation des principaux systèmes* d'écriture permirent à beaucoup d'œuvres de l'Antiquité d'être diffusées, comme l'épopée *Gilgamesh* qui inspira peut-être indirectement les travaux d'Hercule, ou le mythe* du Déluge, remontant aux Sumériens. Hymnes, prières, contes et légendes, épopées, littérature de cour, de sagesse ou proverbes populaires, parfois recopiés ou adaptés pendant des millénaires, forment le fonds de la culture écrite de l'Occident et de l'Orient.

L'écriture conserve la mémoire historique des princes et des empires, et les textes commémoratifs constituent une part essentielle de la première littérature écrite, à l'efficacité souvent assurée par une malédiction lancée contre un éventuel profanateur de l'inscription. Les premiers signes* égyptiens identifient des personnages et des lieux dans un contexte commémoratif. Cette fonction historique, souvent propagandiste, de l'écriture se développera dans les grandes civilisations qui en firent un instrument du pouvoir, par la rédaction d'annales royales, d'édits, de traités internationaux et d'une correspondance diplomatique. BAS

■ Livre

Livre d'heures à l'usage d'Amiens. Picardie, XVe siècle. Papier, 16,5 × 9. Paris, BNF, Mss occ., Latin 10536.

Dès sa naissance, le livre est lié à l'écriture dont il assure la conservation et permet la diffusion. Mais il peut, selon les époques et les cultures, revêtir des formes d'une inépuisable diversité : tablettes* d'argile* en Mésopotamie, feuilles de palmier en Inde, rouleaux* de soie en Chine, etc.

Au sein même de la tradition occidentale, le livre dans sa forme a connu d'importants bouleversements : le plus décisif d'entre eux se situe entre le Ier et le IVe siècle lorsque le « codex », ensemble de feuilles pliées groupées en cahiers reliés par une couture, se substitue à l'antique rouleau constitué de feuilles de papyrus* collées les unes aux autres, en profitant de l'expansion d'un nouveau matériau plus souple et permettant d'écrire des deux côtés de la page*, le parchemin*. Maniable, léger, « feuilletable », le codex, qui est encore la forme actuelle du livre, opère une révolution des pratiques de lecture* et de pensée : il libère une main pour la prise de notes, facilite les retours en arrière et permet les recherches de références et les citations précises. Il va peu à peu contribuer à l'émancipation du texte par rapport à son support* et aux contraintes qu'il dictait.

Aujourd'hui, cerné par les nouveaux médias, le livre a cessé d'être le support obligé du stockage et de la diffusion de l'écrit. Face aux infinies possibilités combinatoires d'un texte devenu roi, il peut apparaître comme une forme figée, voire « un masque mortuaire de l'œuvre ». Pourtant le succès promis à l'E-book du professeur Jakobson semble prouver qu'il restera un instrument privilégié de la pensée adapté aux dimensions du corps humain. AZ

Nicolas de Lyre,
*Postillae perpetuae
in Vetus et Novum
Testamentum.*
Langres,
1460-1464.
Paris, BNF,
Mss occ.,
Latin 11972 (f. 1).

■ **Manuscrit**

Brouillon* d'écrivain* ou humble liste griffonnée sur un ticket de métro, graffitis antiques ou modernes, livres* de parchemin* ornés d'enluminures* ou archives notariales, correspondances ou gribouillis d'enfants, tout ce qui est écrit à la main est « manuscrit », du latin* *manus*, la « main », et *scriptum*, « écrit » ; mais on entend en général par ce mot le livre avant l'imprimerie* dont formes et matières diffèrent d'une civilisation à l'autre : rouleaux* de papyrus* dans l'Égypte antique, grecque et romaine, rouleaux de soie puis de papier* en Chine pendant très longtemps, codex de parchemin puis de papier en Occident depuis le début de l'ère chrétienne, manuscrits oblongs sur ôles dans le monde indien et livres en accordéon sur liber

d'agalloche à Sumatra (voir Arbre). Un manuscrit « original » est le livre sorti des mains mêmes d'un auteur ; peu de manuscrits originaux antiques sont parvenus jusqu'à nous et la plupart ne sont connus que par des copies médiévales ; on appelle copie « authentique » un document dont le texte est reconnu conforme à celui du modèle par une ou des personnes ayant autorité ; on nomme « tapuscrit » les copies dactylographiées. Les procédés de reproduction modernes permettent de donner de merveilleux facsimilés de manuscrits. AB

■ **Maya.** Voir Méso-Amérique

■ **Méso-Amérique**

Dans l'Amérique précolombienne, seule l'Amérique centrale a vu se développer une tradition de l'écrit. Elle commence au IIe millénaire avec les Olmèques, se développe à partir de 500 avant J.-C. avec les Zapotèques, se poursuit entre le IIIe siècle avant J.-C. et le Xe siècle de notre ère avec la civilisation maya qui manifeste un goût profond pour l'écriture. Pour les Mayas du Yucatán, le centre du monde s'appelle *Xocen*, c'est-à-dire « Lis-moi », et le livre* serait l'origine du monde : « C'est un livre naturel et il n'a été fabriqué par personne. Le livre tourne seul ses pages*. Chaque jour s'ouvre une page et si quelqu'un veut la tourner intentionnellement, il saigne parce qu'il est vivant » (Mythe* d'origine du livre glyphique cité par Michel Boccara).
À partir du XIe siècle, la civilisation nahuatl investit le plateau mexicain et développe un système* d'écriture aujourd'hui encore largement indéchiffré,

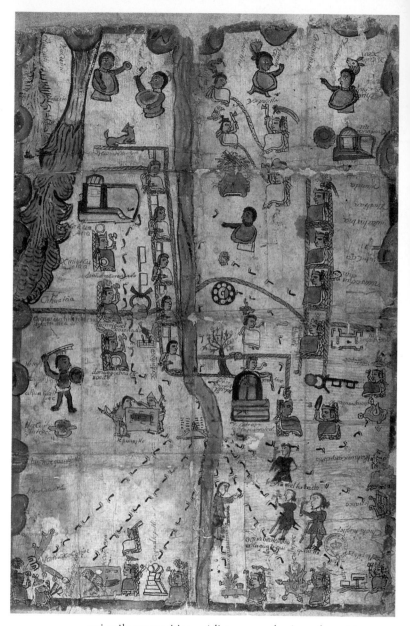

qui mêle compositions réalistes
et symboliques, notations idéographiques et phonétiques.
Cette écriture, comme l'écriture
maya, disparut brutalement
avec l'arrivée des Espagnols
(1519-1521), la plupart des
codex en furent détruits ou brû-
lés, mais, paradoxalement, ses
destructeurs participèrent en
même temps à sa renaissance

sous le signe du métissage et
suscitèrent la rédaction de nouveaux corpus.
Différentes dans leur système
de représentation graphique,
ces deux écritures partagent une
même conception énigmatique*
de l'écriture et se plaisent à
multiplier les ambiguïtés, faisant de la lecture* un acte
proche de la divination. AZ

■ MICROGRAPHIE
« Aux confins de l'illisible »

Procédé d'écriture minuscule attesté dans des traditions très anciennes et très diverses (hébraïque*, arabe*, persan, indienne*), la micrographie emporte l'écriture aux confins de l'illisible ; le texte n'y est plus fait pour être lu mais vu, il devient ornement ou énigme* imagée, ou inscription voilée de la puissance d'une parole sacrée dont la force agit à travers l'enfouissement du signe*. Elle assume selon les cultures des fonctions différentes.

Elle relève en Mésopotamie de la prouesse technique tant il est difficile d'écrire en caractères minuscules sur l'argile*. Ainsi, vers 2000 avant J.-C., par souci de virtuosité ou désir d'accomplir une œuvre exceptionnelle pour la déesse de l'amour, « reine du ciel », un scribe* écrivit en sumérien* une lamentation, dont un fragment d'argile haut de 2 centimètres et comportant 30 lignes* nous est parvenu. La tablette* devait comporter près de mille lignes et fut écrite à l'aide d'une lentille réalisée avec un morceau de quartz, ou en fixant l'espace à écrire à travers une paire de roseaux creux pour restreindre le champ de vision.

Dans la tradition manuscrite hébraïque (où elle est attestée à partir du IXe siècle), l'écriture micrographique porte sur l'appareil critique donnant dans les marges du texte biblique des indications de lecture*, la « massore » : elle y joue le rôle d'un décor géométrique ou figuratif contribuant à l'embellissement de la page*, elle peut aussi avoir valeur illustrative ou suggérer une interprétation cachée du texte. Rompant la linéarité du discours, écho peut-être du Tétragramme imprononçable, elle enroule l'énigme à l'écriture du texte sacré, le redéploie comme un trésor caché.

Dans les traditions arabe et indienne, elle s'applique souvent au texte sacré lui-même – généralement connu par cœur : performance ayant valeur d'épreuve sanctifiante pour le scribe qui s'y emploie, elle y affirme aussi la magie d'une Présence contenue dans les signes*, rayonnant de leur illisibilité même. BAS et AZ

Recueil de traités grammaticaux, avec des commentaires sous forme de décors géométriques ou figuratifs micrographiés. Turquie, 1540. Paris, BNF, Mss or., Arabe 4166 (f. 25v°-26).

Page de gauche : *Codex de Veinte Mazorcas*, pièce d'un procès. Mexique, XVIe siècle. Encre et couleurs sur papier d'amate, 76 × 51. Paris, BNF, Mss or., Mexicain 391.

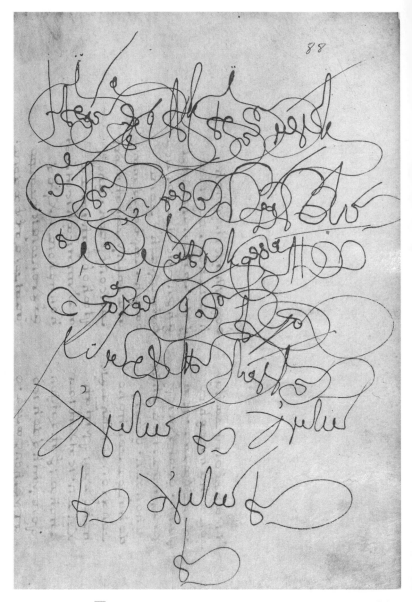

« Monocondyle »
dans *Traités
d'arithmétique*.
Byzance,
1350-1375.
Paris, BNF,
Mss occ.,
Grec 2988.

■ **Monocondyle**

D'origine grecque*, ce mot savant désigne à l'époque byzantine une écriture labyrinthique tracée d'« un seul trait » de plume. Saisi dans un entrelacs ininterrompu de boucles et de courbes, aucun mot n'y est plus identifiable : l'écriture à la dérive semble prise de folie. Pourtant ce style* d'écriture proche du délire graphique, apparu vers le Xe siècle, répond à des fonctions éminemment rationnelles : affecté à la signature des actes ou des diplômes, il garantit, par son excentricité même, l'authenticité d'une trace qu'il rend inimitable. En passant du champ de l'écriture documentaire au champ du livre*, il change de nature : employé dans le colophon il perd alors toute fonction juridique pour devenir pur artifice décoratif préposé à la clôture du manuscrit.

Mais dans l'espace austère du livre byzantin, marqué par une vision intellectualiste de l'écriture perçue comme un simple outil de transmission* de la pensée, sa libre extravagance permet au scribe* l'expression de son individualité dans un espace – enfin – autorisé. AZ

Le Dieu Quetzalcoatl. Illustration extraite du *Codex Magliabechiano*, 1566. Florence, Biblioteca Nazionale Centrale.

◼ MYTHES ET LÉGENDES
« Au commencement était le signe... »

La plupart des grandes traditions légendaires exaltent la puissance de l'écriture : elles y voient un ensemble de signes* mystérieux, réservés aux initiés, capables d'exprimer l'agencement secret des choses et des êtres. La double paire d'yeux attribuée à Tsang-Kié ne signale-t-elle pas une clairvoyance surnaturelle de l'inventeur d'écriture, dépassant les jeux trompeurs de l'apparence pour atteindre la vérité de l'univers ? Signes magiques dotés du pouvoir de faire naître la vie : ainsi chez les Dogons au Mali, Amma

commence son ouvrage en traçant des signes, les « bummo », ou 266 signes primordiaux qui enfantent l'univers, lui donnent matière, couleur et forme.

Dans la tradition hébraïque*, le Zohar nous raconte comment l'Éternel, avant de créer le monde, bat d'abord le rappel des lettres* fondatrices : « Aleph, Aleph, bien que ce soit la lettre *bêth* dont je me servirai pour faire la création du monde, tu seras la base de tous mes calculs et de tous les actes faits dans le monde, et on ne saura trouver d'unité nulle part, si ce n'est dans la lettre Aleph ! » Signes surnaturels, leur invention se fait souvent en rêve : chez les Bamoun du Cameroun, le roi Njoya reçoit dans

Tsang-Kié. *Portraits de quelques-uns d'entre les principaux Chinois qui se sont rendus célèbres*, Pékin, 1685. Encre et couleurs sur papier. Paris, BNF, Mss or., Chinois 1236.

un songe l'impulsion créatrice. Parfois encore au terme d'un sacrifice sanglant ou d'une initiation déchirante : ainsi, après « neuf longues nuits percé par une lance » le dieu* Odin rassemble l'écriture runique*.

Leur inventeur est fréquemment masqué : Quetzalcoatl, dieu aztèque, fils du soleil et de la lune, porte un masque. Thot, scribe* parfait de la tradition égyptienne*, apparaît tour à tour sous les traits d'un ibis ou d'un singe indolent. Comme si la puissance des signes ne pouvait apparaître que cachée...
BAS et AZ

Orientation

Quel que soit le système* envi-
sagé, écrire c'est toujours aller
d'un point à un autre, que la
ligne* soit rectiligne comme sur
les inscriptions romaines,
courbe comme dans les manuscrits* aztèques, en spirale
comme sur le disque crétois de
Phaïstos, en boustrophédon (le
passage d'une ligne à l'autre
imitant le va-et-vient du labou-
reur) comme dans des textes
grecs* anciens.
Les plus anciennes écritures
alphabétiques étaient écrites de
droite à gauche avant de
s'orienter de gauche à droite.
De nos jours, issus du même
alphabet* phénicien qui s'écrivait de droite à gauche, l'alphabet latin* s'écrit de gauche à
droite, tandis que les alphabets
hébraïque* et arabe* ont
conservé l'orientation d'origine.
Les Égyptiens écrivaient selon
l'une ou l'autre orientation. Ces
usages dépendent de plusieurs
facteurs : supports*, outils*,
position déterminante du
copiste* au sol ou sur un tabouret (le coude ne cogne pas de la
même façon contre le corps),
exécution de la copie à l'air libre
(cas de l'écriture touareg) ou à
l'intérieur d'une maison.
Il peut exister pour un même
système plusieurs possibilités de
sens d'écriture et de lecture*
comme pour les caractères chinois*. Le sens de l'écriture n'est
parfois pas le même que celui
de la lecture : ainsi l'écriture
ouïgoure peut être réalisée de
haut en bas puis, la feuille tour-
née d'un quart de tour, lue de
droite à gauche. Il ne semble
pas exister d'écriture réalisée de
bas en haut. AB

Écriture ouïgoure. *Oghuz nâme.*
Copie du XVe siècle.
Paris, BNF, Mss or., suppl. Turc 1001.

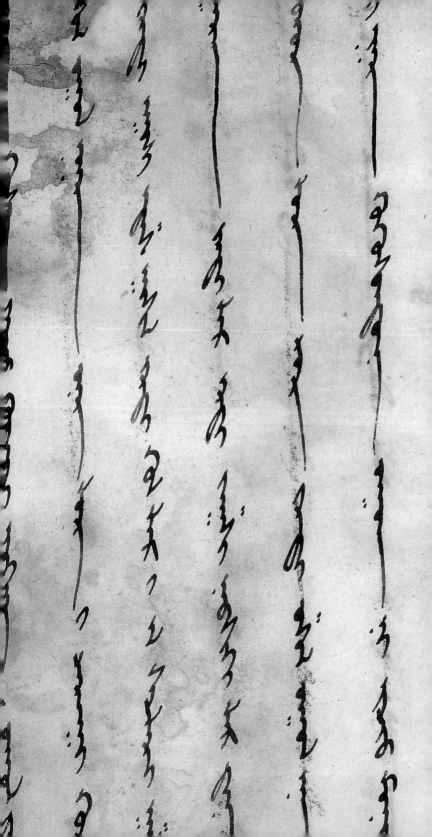

L'histoire du matériel graphique semble épouser intimement l'histoire des écritures. À telle période correspondent tels instruments, à telle autre tels supports*. Dès les temps les plus anciens, on assiste même parfois à une véritable fusion entre l'outil et le matériau sur lequel on écrit. C'est le cas des Égyptiens et des Sumériens, qui utilisent conjointement le roseau comme instrument graphique (le calame) et le papyrus* comme support. Nul hasard cependant dans le choix de l'outillage élevé parfois au rang d'ustensile sacré ! On a ainsi retrouvé dans les sépultures égyptiennes maints témoignages du matériel utilisé par les scribes* : palettes de schiste creusées de deux larges cupules destinées à contenir l'une l'encre* noire, l'autre l'encre rouge, mortier ou broyeur de couleurs, étui à calames, godets à eau, et parfois même grattoir pour corriger les fautes. Des coffres de bois renfermaient ce précieux attirail et servaient en même temps de bureau, une fois leur couvercle refermé. Les Grecs* et les Romains ne se sont pas privés, eux aussi, d'exalter la toute-puissance du matériel graphique, symbole de réussite sociale autant que d'accès à la culture. Ainsi, l'une des plus célèbres fresques pompéiennes (ill. p. 111) décrit la fierté un peu naïve de Paquius Proculus, boulanger campanien enrichi, et de son épouse arborant ces instruments de lettrés que sont le stylet de métal, le diptyque fait de tablettes* de cires fixées par des charnières mais aussi l'immanquable rouleau* de papyrus. Les maîtres de la calligraphie* chinoise, quant à eux, ont parfois hissé jusqu'au rang d'œuvres d'art leurs pinceaux dont les manches s'agrémentaient de jade précieux ou de fine porcelaine. Enfin, le monde musulman a célébré, sans égal, les vertus sacrées du calame, modeste roseau taillé mais instrument par excellence du calligraphe exaltant la Parole de Dieu. N'est-ce pas ce que dit précisément la première révélation du Coran ? « Dieu* a enseigné l'usage du calame. Il a appris à l'homme ce que celui-ci ne connaissait pas. »

Plus souples, davantage sensuelles, les plumes d'oiseau (l'oie bien sûr, mais aussi l'aigle, le vautour, le cygne, le canard et le corbeau…) ont incarné l'instrument idéal des calligraphes comme celui des poètes. À elles le privilège d'écrire les fiévreuses lettres d'amour, ou tout simplement d'apposer une signature au bas d'un parchemin*. Du calame à la plume, du stylet au stylo, du clavier de machine à écrire à celui de l'ordinateur, que de révolutions cependant dans les pratiques du geste graphique ! Une écriture de moins en moins physique, de plus en plus immatérielle, regretteront à coup sûr les nostalgiques… BGS

L'Empereur Kangxi (1661-1722).
Encre et couleurs sur soie, 50,5 × 31,9.
Pékin, musée Gugong.

Mir Ali Chir
Nevai, *Recueil
de poèmes*. Hérat,
XVᵉ siècle. Paris,
BNF, Mss or.,
suppl. Turc 316
(f. 356vº).

■ Page

Le mot « page » dérive à la fois de *pagina*, la treille étagée qui porte les raisins de la vigne, de *pagus*, le bourg, espace humanisé en bordure des sillons, et de *pangere*, qui signifie « ficher solidement en terre, planter, mettre des bornes ». L'espace de la page est donc sous le triple signe de l'organisation géométrique, de la répétition et de la limite. Lieu de culture, la page est un « anti-chaos », un jardin ordonné à l'éclosion du sens.

L'homme peut écrire sur n'importe quel support* de n'importe quel format : Borges ne rêvait-il pas d'une carte de Chine aux dimensions de son empire ?

Aux antipodes de cette démesure, Anaximandre, le premier cartographe du monde grec, propose en réduction, dans l'espace d'une tablette* qui tenait dans la main, le simulacre visible de la totalité du monde habité. À l'image de cette première carte, la page est un microcosme, un miroir qui s'offre à la représentation miniaturisée de l'univers. En traçant un cadre, en assignant une bordure à l'écriture, l'homme ouvre une fenêtre qui lui permet de voir. Le paradoxe de la page est de faire tenir l'infiniment grand dans l'infiniment petit. Elle est ce vis-à-vis aux dimensions de son propre corps que l'homme se donne pour s'expliquer à lui-même l'énigme* de son lien au monde.

Encore indistincte dans le rouleau*, elle naît vraiment avec le codex, comme espace autonome, discontinu, séparé mais corrélé, prêt à « plier » devant l'architecture* intellectuelle du texte.

Aujourd'hui la matérialité de la page s'évanouit avec l'écran informatique : impalpable, intermittente, fluctuante…

Elle n'en demeure pas moins l'horizon constant qui organise la lecture*. Gageons qu'elle ne cessera pas d'être le lieu d'une énergie abréviative singulière et d'offrir la possibilité d'une habitation orientée de l'espace. AZ

◼ Palimpseste

Suivant un procédé qui remonte à l'Antiquité et qui consiste à réemployer un support* déjà couvert d'écriture, le « palimpseste » (du grec* palin, « en arrière », et psao, « racler ») fut employé surtout entre le VIIᵉ et le XIIᵉ siècle en raison de la pénurie de parchemin* : on trouva plus économique et plus rapide de réutiliser les livres* en lavant ou grattant les textes qu'ils contenaient, sans importance pour les gens d'alors, textes antiques ou antiphonaires. La première écriture transparaît souvent, pâle, derrière celle qui la recouvre.

Au XIXᵉ siècle, pour en tenter la lecture*, on utilisa des réactifs chimiques qui eurent souvent pour résultat de rendre définitivement illisibles des textes précieux ! Des éclairages spéciaux (lampes à ultraviolets) et désormais des logiciels d'analyse d'images permettent de déchiffrer les écritures à demi-effacées. Parmi les plus fameux textes redécouverts, il faut citer des passages de Plaute, de Cicéron, de Tite-Live, d'Ovide ou de Pline l'Ancien. Le Traité des corps flottants d'Archimède, conservé à la Walters Gallery à Baltimore dans un manuscrit du Xᵉ siècle, est en voie de déchiffrement*. AB

Lexique grec sur palimpseste. Italie du Sud, XIIIᵉ siècle. Parchemin, 25 × 17. Paris, BNF, Mss occ., Grec 2631.

■ Papier

La découverte du papier, support* privilégié de l'écriture mais dont les usages concernent tous les actes de la vie, est comparable à celle de l'électricité ; elle a fait le tour de la Terre et a eu une influence majeure sur les pratiques culturelles de tous les peuples ; la production en masse de cette matière nouvelle influença l'avènement de la lecture* et de la rédaction silencieuses (possibilité du brouillon* et de la rature). Le mot vient de « papyrus* ». Utilisé comme support d'écriture en Chine en 105 avant J.-C. par Cai Lun, le papier semble, selon les données archéologiques, plus ancien d'au moins deux siècles. Le secret de sa fabrication aurait été divulgué en 751 par des papetiers chinois* faits prisonniers par les Arabes* à la

Fabrication du papier en Chine (la coloration). Peinture sur papier de riz, XIXᵉ siècle. Paris, BNF, Estampes, Oe 112 pt fol.

bataille de Talas en Asie centrale. Il se répand au Moyen-Orient, puis en Europe où il est introduit par les Arabes en Espagne et en Sicile au XIIᵉ siècle ; la première fabrique française est créée en 1348 à Troyes. Fabriqué à partir de fibres végétales (chanvre, lin, coton, jute, écorce de mûrier, bambou), il nécessite une préparation longue mais peu coûteuse où la présence de l'eau est essentielle.

Usine à papier.

Après l'invention de l'imprimerie*, des quantités toujours plus importantes de papier vont être nécessaires ; des procédés mécaniques sans cesse plus performants accélèrent la vitesse de la fabrication et augmentent le volume de la production : invention de la pile hollandaise à la fin du XVIIᵉ siècle pour la trituration de la pâte ; installations industrielles depuis le XIXᵉ siècle à base de grands cylindres passant sur un lit de pâte. AB

■ Papyrus

Exploitée dès 3000 avant J.-C. en Égypte, puis au Moyen-Orient, en Grèce et dans tout le bassin méditerranéen, cette cypéracée doit sa célébrité à son utilisation comme support* d'écriture particulièrement souple et léger. Le mot sert à désigner soit le support, soit le livre* lui-même : ainsi, « le Papyrus Prisse », le plus vieux livre du monde (1900 avant J.-C.), est écrit sur papyrus. C'est la tige

87

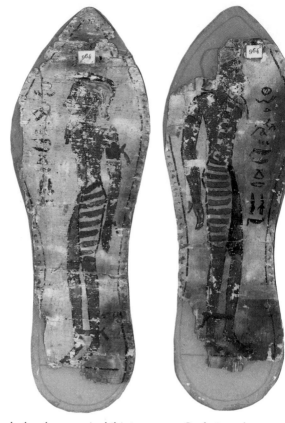

Semelles votives (fabriquées à partir de débris de papyrus) avec une inscription en caractères hiéroglyphiques : « Que tes ennemis soient foulés par tes sandales. » Paris, BNF, Mss or., Égyptien 200.

de la plante qui, débitée en minces lamelles mises côte à côte, fournit les feuilles à écrire. L'usage du papyrus encourage l'écriture à devenir plus cursive, car la main du scribe* peut glisser plus vite sur cette surface lisse. La vitesse portant à la cursivité, le support influence donc la forme de l'écriture. Chez les Égytiens, c'est l'une des raisons de la métamorphose de l'écriture hiéroglyphique* en hiératique puis démotique. Dans l'Égypte copte des premiers siècles de notre ère, le papyrus commence à être plié en cahiers annonçant le passage du rouleau* au codex (de parchemin*), ses fibres supportant mal le pliage. L'usage du papyrus se répand en Europe, notamment en Gaule jusqu'au VIIᵉ siècle. On trouve ainsi des papyrus en langue latine*, grecque*, arabe*, copte, syriaque. Effectuées dans le sable sec des déserts du Proche-Orient, des découvertes récentes renouvellent le domaine de la papyrologie. AB

◼ Parchemin

Si l'usage du cuir pour écrire est attesté dès 2400 avant J.-C., plus tardive est l'utilisation du parchemin ; la tradition veut qu'il soit né à Pergame, au IIᵉ siècle avant J.-C. ; Ptolémée Épiphane aurait interdit l'exportation de papyrus* vers cette ville d'Asie Mineure dont la bibliothèque rivalisait avec celle d'Alexandrie ; aussi, d'après Pline, la « peau de Pergame » aurait été inventée pour faire face à la pénurie. L'usage du parchemin est très développé en Europe durant le Moyen Âge ; dans le monde arabe*, il est remplacé par le papier* dès le IXe siècle ; alors que les livres* antiques se présentaient en rouleaux*, on constitue avec le parchemin des livres plats (codex) formés de feuilles pliées écrites *recto verso* et réunies en cahiers, alors que le rouleau de papyrus ne recevait d'écriture que d'un seul côté.

Ce support* d'écriture dépend en grande partie des coutumes alimentaires des régions où il est fabriqué puisqu'il emploie la peau des animaux surtout mammifères herbivores : mouton, veau, chèvre, parfois cerf. La préparation de la peau demande une installation particulière ; après trempage dans un bain de chaux et raclage des poils et de la graisse, la peau est tendue sur un châssis circulaire où elle est encore raclée et amincie ; séchée sur son cadre, elle est polie à la pierre ponce, parfois passée à la craie. On coupe dans une peau un nombre variable de feuilles selon la taille de la bête, la qualité de la peau et le fait que l'on peut aussi la couper dans l'épaisseur. En Occident, les cahiers sont assemblés de façon à mettre face à face les côtés « fleur » (où étaient les poils de l'animal) et les côtés « chair ». Le parchemin pouvait être teint avec de la pourpre. AB

■ **Phénicien.** Voir Alphabet

■ **Phonogramme**

Le phonogramme, ou « signe*-son », est lu comme un phonème (unité de son d'une langue), sans tenir compte d'une éventuelle signification sémantique : par exemple les idéogrammes* « chat » ou « shah » transcrivent le son /cha/. Une écriture phonétique est composée de signes pictographiques (voir Pictogramme) ou linéaires : elle fonctionne selon un système* syllabique ou alphabétique (voir Alphabet), comportant peu de caractères*. Les signes syllabiques, dont le nombre varie entre 50 et 100, expriment un groupe de consonnes* et de voyelles considéré comme une unité phonétique : *vc* (*ab* : syllabe fermée), *cv* (*ba* : syllabe ouverte), *cvc* (*bar*). Les signes alphabétiques, notant des sons simples (consonne ou voyelle), sont appelés lettres* et varient de 22 à 30 selon le type de langue notée.

Certaines écritures phonétiques ont des caractères formés par acrophonie, c'est-à-dire en utilisant un signe pour la valeur phonétique initiale du mot ou du son qu'il note (par exemple : *b* est le son initial de *bêth*, « maison », en sémitique). C'est le cas du système phonétique pseudo-alphabétique égyptien reconnu par Champollion* (voir Égyptiennes), du linéaire B de Crète et des premiers alphabets consonantiques sémitiques, dont dérive le nôtre. BAS

■ **Pictogramme**

Le pictogramme, ou « signe*-image », est un signe figuratif conventionnel (représentation concrète ou stylisée d'un être animé ou d'une chose) dont la signification est directement identifiable pour ceux qui en connaissent le code. Les principaux systèmes* d'écriture ont, à l'origine, un graphisme pictographique ou picto-idéographique (voir Idéogramme), et même les caractères* du lointain ancêtre de notre alphabet*, l'écriture proto-sinaïtique linéaire (vers 1600 avant J.-C.), furent formés à partir des pictogrammes égyptiens* (appelés hiéroglyphes*). Des écritures virent leur graphisme évoluer vers l'abstraction (cunéiformes*), tandis que d'autres conservèrent leurs signes pictographiques (hiéroglyphes égyptiens et de Méso-Amérique*) disposés dans l'espace selon un principe essentiellement artistique, le sens de lecture* d'un texte étant donné par l'orientation* des signes figuratifs. Lors des premiers essais de l'écriture, les pictogrammes étaient des aide-mémoire, ne notant pas les éléments relationnels du langage ; ils acquièrent rapidement une valeur d'idéogrammes* (logogrammes) ou de phonogrammes*. BAS

■ **Pierre**

Parois des cavernes ou des montagnes, sceaux, cachets, tablettes*, stèles, galets, la pierre figure parmi les plus anciens supports* de l'écriture, si l'on excepte l'argile*. Les pierres, plus ou moins dures, constituent des énigmes* pour les hommes, depuis toujours intrigués par les traces, les arborescences et les figures qui y sont inscrites, au point que les Chinois utilisent le même mot, *wen*, pour désigner les veinures de la pierre et les caractères* d'écriture. Domestiquée, la roche polie comme le marbre sert pour les inscriptions monu-

Modèle pour le hiéroglyphe du poussin de caille. Saqqara, v. 300 av. J.-C. Paris, musée du Louvre.

Pièce de cornaline destinée à apaiser le mourant. Iran, première moitié du XXᵉ siècle. Variété d'agate translucide *aqiq*, 2,8 × 2,2. Paris, musée de l'Homme.

Compte rendu d'un acte officiel. Haute-Égypte, XIXᵉ dynastie, 1226 av. J.-C. Pierre, encre au carbone, 8 × 12,4. Paris, musée du Louvre.

mentales des souverains ; de jade, elle devient page* d'un livre en Chine ; de cornaline, sceau gravé d'un grand seigneur. La lenteur du procédé n'empêche pas les hommes de recourir depuis toujours à cette forme de mémoire. Pour graver, on utilise une pointe dure (graveret) et un maillet. De nos jours, des procédés nouveaux permettent d'inciser rapidement la pierre. On peut aussi peindre sur sa surface ou écrire avec une craie : pérennes sont les inscriptions des rois, éphémères et perdus les tâtonnements des enfants sur des milliers d'ardoises. La pierre est aussi à la base d'un procédé d'impression appelé lithographie. AB

■ **Pinceau.** Voir Outils

■ **Plume.** Voir Outils

■ PONCTUATION
« À l'image d'une partition musicale »

La langue orale, pour se faire comprendre, dispose de nombreuses ressources non verbales : silences, gestes, mimiques, soupirs, intonations. La ponctuation est ce qui en assure une équivalence dans l'ordre de la vue. Elle s'appuie sur un ensemble de signes* visuels muets, discrets, véritable système* idéographique qui ne cesse d'accompagner le texte écrit. Elle assure une double fonction. Logique et intellectuelle, elle découpe des unités syntaxiques, en organise la hiérarchisation, en assure les liens à l'ensemble de la phrase, du paragraphe, de la page*, elle brise la linéarité de la chaîne parlée du discours, elle marque les ruptures, les pauses, les articulations. Sensible, elle vise à restituer de manière quasi musicale les inflexions, les nuances, les intonations de la voix.

Véritable accomplissement du texte, elle consacre l'émancipation de l'écrit par rapport à l'oral. Son histoire recoupe celle des pratiques de lecture*, son développement accompagne celui de la lecture silencieuse.

L'Antiquité grecque et latine, qui pratiquait la lecture à voix haute, utilisait une écriture continue, la *scriptio continua*. Mais à Rome déjà, certains manuscrits* connaissent des espaces ou des points (*puncta*) entre les mots (d'où l'étymologie du mot « ponctuation »). Au Iᵉʳ siècle avant J.-C., Aristophane de Byzance met en place la première ponctuation précise : le point parfait au-dessus de la ligne*, le point moyen au milieu, le sous-point sous la ligne, exprimant respectivement une ponctuation forte, moyenne, faible. Saint Jérôme, dans sa traduction latine de la Bible, systématise un dispositif de découpage hiérarchisé du texte, ouvrant la voie à un foisonnement d'accents, de virgules, de pauses oratoires ou musicales. L'imprimerie* va étendre toutes les formes de ponctuation, particulièrement les blancs qui vont désormais prendre en charge les grandes séparations du texte. Le XIXᵉ siècle donnera au dispositif la forme qu'il a encore aujourd'hui. AZ

$$« »\ `\ '\ \{\ \}\ (\ )\ [\ ]\ \text{-}\ \text{—}\ *\ °\ \%\ \pm\ +\ \text{-}\ /\ =\ \leq\ \geq\ \infty\ \dagger\ \#\ \bullet$$

$$.\ ,\ ;\ :\ ?\ !\ ...\ \sim\ \wedge\ `\ ¶\ f\ \&\ ¥\ £\ §\ \$\ \Delta$$

■ Rawlinson (sir Henry Creswicke)

Envoyé en Inde en 1826, Henry Creswicke Rawlinson (1810-1895) y apprit les langues indiennes*, l'arabe* et le persan. En poste à Kermānchāh en Iran en 1835, le diplomate anglais commence alors à copier, au péril de sa vie, la longue inscription rupestre historique trilingue – écrite en trois écritures cunéiformes* recouvrant le vieux perse, l'élamite* et l'akkadien*/babylonien –, inscrite par le roi Darius en 521 avant J.-C. sur le roc de Bisutun (Behistun), à 120 mètres au-dessus de la plaine. Nommé consul général d'Angleterre à Bagdad en 1843, il en profite pour retourner à Bisutun. En 1846, il publie le texte vieux perse, dont il achève le déchiffrement*. Mais ce n'est qu'en 1847 qu'il peut réaliser l'estampage de la colonne akkadienne, inaccessible, sous l'aiguillon de ceux qui, inconscients du danger qu'il courait, lui reprochaient de cacher des informations. Rawlinson acquiert la possession des inscriptions clés, multilingues, grâce à son héroïsme. Il publie la version akkadienne en 1851 où il

Portrait du major général, sir Henry Creswicke Rawlinson. Gravure de Samuel Cousins, 1860. Londres, British Museum.

détermine qu'un signe* peut avoir plusieurs valeurs. Il réalise aussi l'importance de la bibliothèque d'Assurbanipal découverte par Layard en 1851 à Ninive, et sait encourager le jeune G. Smith lorsque, parmi les fragments, ce dernier découvre en 1872 la célèbre tablette* du récit du Déluge. Rawlinson sera nommé président de la Royal Asiatic Society et de la Royal Geographical Society de Londres. Sa brillante personnalité éclipsera celle d'un timide pasteur irlandais, Edward Hincks (1792-1866), le vrai génie du déchiffrement des cunéiformes*, auquel il faut rendre justice. BAS

▮ Rébus

Le rébus est un procédé d'écriture consistant à évoquer par homophonie le concept ou le son que l'on veut exprimer : plusieurs mots de signification différente mais aux sons identiques ou très proches sont transcrits par un même signe* (▽ = verre, ver, vers, vair). Les signes sont alors utilisés pour leur valeur phonique, indépendamment de leur sens (par exemple, en égyptien*, le signe de la bouche « *er* » note le phonème consonantique simple « r »). Les systèmes* d'écriture idéographiques (voir Idéogramme) utilisent ce principe pour enrichir les possibilités de leur écriture, afin de diminuer le nombre de signes à apprendre et d'exprimer toutes les possibilités grammaticales et lexicales du langage, notamment la transcription de mots abstraits. Le système du rébus fut particulièrement utilisé par les écritures notant une langue surtout monosyllabique (comme le sumérien* ou le chinois*), et il leur permit également de noter

plusieurs langues (voir Cunéiforme, Sumérien, Akkadien). Il engendra des jeux intellectuels. Ainsi, Marduk le dieu* de Babylone, se voit donner par ses pairs, des noms formés sur un attribut de sa personnalité : « Marduk-Asari, créateur du grain et du lin, qui fait pousser la verdure » : *Asari* se décompose en *sar*, « grain, lin, pousser, vert » et en *ri/ru*, « créer ». BAS

▮ Rouleau

De l'Égypte à la Chine, cette forme fut la première donnée aux livres* et dura pendant des siècles. Le *volumen* antique de papyrus* perdure jusqu'au IVe-Ve siècle. Apparu à Rome au début de l'ère chrétienne, le codex le remplace lentement, changeant les habitudes de lecture* : le rouleau nécessite l'emploi des deux mains mais permet une vision panoramique sur plusieurs colonnes de texte ;

le codex peut être feuilleté et annoté, la lecture devenir plus sélective. Il triomphe en Europe vers le IVe siècle pour le monde romain, et au Ve siècle pour le monde grec*. Les Juifs l'adoptent vers le VIIIe siècle, conservant le rouleau pour les textes religieux. La forme du rouleau reste utilisée pendant tout le Moyen Âge pour des pièces liturgiques ou administratives, des chroniques ou des généalogies que l'on pouvait facilement allonger en cousant une feuille supplémentaire. Ce *rotulus* médiéval diffère du *volumen* : il se déroule verticalement, la ligne* d'écriture courant parallèlement au petit côté en une seule colonne. Pensons au garde champêtre venant naguère dérouler dans les villages son « avis à la population ». Outre les rouleaux de papyrus, de parchemin* ou de papier*, il a existé des rouleaux de soie (en Chine avant l'ère chrétienne) et même de métal (manuscrits de la mer Morte). AB

Rouleau de la Torah. Saint-Pétersbourg, 1828. Parchemin, 15,3 × 1385. Paris, BNF, Mss or., Hébreu 1426.

Inscription runique. Arhus (Danemark), IXᵉ-XIᵉ siècle. Hojbjerg, Forhistorisk Museum Moesgaard.

■ Runique

C'est sous le signe du secret que se construit l'écriture runique. L'étymologie allemande, *raunen*, indique l'idée de « murmurer », « chuchoter ». L'*Edda poétique*, joyau de la littérature* islandaise, lui assigne une origine divine. Il raconte comment le dieu* Odin, étant demeuré pendant neuf jours et neuf nuits pendu à l'Arbre du monde, avait acquis les runes et par eux la connaissance suprême. La puissance de ses signes magiques était capable, selon la légende, de ramener les morts à la vie ; les initiés pouvaient par leur intermédiaire favoriser les naissances, apaiser les flots ou déjouer les mauvais sorts.

Née vers le IIIᵉ siècle, répandue du Groenland au sud de la Grande-Bretagne, l'écriture runique développe un système*

de signes* alphabétiques (entre 24 et 33 selon les époques et les lieux) propre aux peuples germaniques. Après avoir adopté l'alphabet* latin*, ceux-ci continuèrent cependant à l'utiliser pour des usages cultuels ou pratiques, jusqu'au XIXᵉ siècle.

L'ascendance de cette écriture, aujourd'hui encore difficile à déchiffrer, n'est pas établie. L'hypothèse latine semble peu concluante ; une origine étrusque* pourrait peut-être se vérifier, appuyée sur des similitudes de formes et des analogies de fonctionnement. Écrite de gauche à droite, de droite à gauche ou en boustrophédon, elle utilise des traits verticaux et obliques, gravés sur bois, sur os, sur métal, sur pierre*, plus tardivement sur parchemin* ou sur papier*. Chaque lettre* y porte un nom correspondant à une réalité concrète ou symbolique (ainsi le « f » de l'écriture *futhark*, la plus ancienne des écritures runiques, évoque le bétail, le « b » évoque le rameau de bouleau, etc.) et leur lecture se prête à différents niveaux de compréhension. AZ

■ Sanscrit. Voir Indiennes (écritures)

■ SCIENCES
« Des calendriers astronomiques aux encyclopédies »

C'est dans le sens de savoir et d'initiation que l'Antiquité pré-classique et toutes les anciennes civilisations concevaient l'attitude scientifique, qui ne put évoluer que grâce à l'écriture. La science du temps, liée à l'histoire, est l'une de ses applications fondamentales en Amérique centrale, où les écritures glyphiques se développèrent autour de l'astronomie et du calendrier (voir Méso-Amérique). C'est en suivant le chemin montré par une étoile que les mages de Mésopotamie assistèrent à l'aube de l'ère chrétienne qui est la nôtre ! Les cinq disciplines érudites y étaient l'astrologie, la divination, l'exorcisme, la médecine et la lamentation. La première reposait sur les observations astronomiques, elles-mêmes dépendantes des mathématiques inventées pour la comptabilité. Médecine pratique et magie sont inséparables, comme en Égypte. En Chine, la première écriture note des consultations oraculaires. Dans tout le monde antique, la divination, au service du pouvoir, influença le devenir des nations. Science aux nombreuses techniques, sa valeur reposait, à Babylone, sur une collection d'observations écrites ayant valeur d'exemples, un procédé généralisé qui aboutit à une classification du monde en listes, ancêtres lointains des encyclopédies monumentales de la Chine ou de notre siècle des Lumières. Elles forment les prémisses d'une approche globale de l'univers, sans jamais tirer de lois générales. Le legs de ces sciences orientales est la division du cercle en 360 degrés et de l'année en 12 mois. Les Grecs utilisèrent leurs principes mathématiques, y introduisant la raison pure et la démonstration.

Les conservatoires de la connaissance sont les bibliothèques, constituées d'abord par les souverains et les scribes*. Bien avant la bibliothèque d'Alexandrie, destinée à garder la mémoire scientifique et littéraire du monde grec et alentour, le roi Assurbanipal rassembla dans son palais de Ninive tous les joyaux de l'érudition des savants de Sumer et de Babylone. BAS

L'Art d'Eudoxe.
Traité
d'astronomie.
Alexandrie,
Serapeion,
première moitié
du IIe siècle
av. J.-C.
Paris, musée
du Louvre.

◼ Scribe

Dans les civilisations antiques de l'orbite mésopotamienne, égyptienne et chinoise, le scribe appartenait à l'élite de la société. La caste des lettrés de l'empire des Han détenait seule la clé des milliers de caractères* qu'elle avait mis au point. Dans l'Inde ancienne, les inscriptions officielles étaient confiées à la classe des *kayashta*. En Mésopotamie et en Égypte, on distinguait l'écrivain* public et l'employé d'État, qui rédigeaient les actes de la vie quotidienne, des lettrés et savants, maîtres de la création littéraire et scientifique, de l'édition, de la mémoire historique et du devenir des rois et des peuples. Leurs systèmes éducatifs nous sont connus par des récits sur l'école et par des exercices laissés par les élèves et étudiants, allant de la copie de signes* simples à celle d'une œuvre littéraire. En Égypte, des recueils classaient les mots par matière. L'immense corpus de listes, transmis par les scribes mésopotamiens, classant les mots de leurs langues et les signes de leur écriture, constituait la base de leur enseignement. Le roi d'Assyrie, Assurbanipal, vers 650 avant J.-C., exalte le caractère initiatique de la connaissance scribale et le bilinguisme du savoir : « J'ai appris les trésors cachés du savoir des scribes ; je lis l'ingénieux sumérien* et l'obscur akkadien* difficiles à maîtriser. »

Le scribe égyptien s'appelait *zakhau*, c'est-à-dire « celui qui utilise le pinceau » ; le terme mésopotamien est DUB-SAR, ou « celui qui écrit la tablette* », ce qui résume les outils* de base des écritures égyptiennes* sur papyrus* et de l'écriture cunéiforme* sur argile*. Les scribes « sur tablettes de bois » de

« *De tous les métiers humains qui existent sur terre,*
[*il n'est*] *aucune profession plus difficile que l'art du scribe.*
S'il n'y avait la poésie... semblable au rivage de la mer,
tu ne prêterais pas l'oreille à mes conseils
et je ne te transmettrais pas la sagesse de mon père. »

Dialogue d'un scribe avec son fils, Sumer, vers 2000 av. J.-C.

Écrivain public.
Maqâmât
d'al-Harîrî
(détail). Bagdad,
XIIIᵉ siècle. Paris,
BNF, Mss or.,
Arabe 5847.

l'Empire hittite et de la sphère alphabétique araméenne* ayant pénétré le monde mésopotamien constituent une autre catégorie de spécialistes. Dans la Bible, le terme s'applique aux docteurs de la Loi. L'écriture alphabétique, accessible à tous et considérée par les lettrés des vieilles civilisations de l'écriture comme une régression de l'art scribal, tua peu à peu le caractère prestigieux de la fonction de scribe. BAS

▪ Signature

Si, dans l'histoire des écritures, la nécessité de transcrire les noms propres a sans doute contribué à une accélération de la phonétisation des idéogrammes* (tout le monde ne s'appelant pas « Monsieur Bœuf » ou « Madame Gazelle » !), il semble bien qu'au moment d'écrire son propre nom chacun d'entre nous franchisse l'histoire en sens inverse et redonne aux signes* écrits leur pure valeur d'image. Qui chercherait dans une signature à reconstituer avec précision des phonèmes occultés par une altération graphique constitutive ?

Parce qu'elle est la marque propre d'un sujet, la signature se doit de ne pas ressembler à l'écriture ordinaire, sa force visuelle repose pour une large part sur son illisibilité.

Dans la tradition occidentale, elle se dégage peu à peu, entre le VIᵉ et le XVIᵉ siècle, d'un double dispositif dont elle va opérer la synthèse : d'une part un très large système* de signes d'identité à l'intérieur duquel l'image joue un rôle prépondérant (armoiries, sceaux, etc.), d'autre part un ensemble de signes de validation propre aux actes notariés qui, à partir du XVIᵉ siècle (1554), accorde à la mention autographe une valeur juridique de garantie absolue.

La signature naît d'une réunion entre le signe d'identité et l'écriture du nom : c'est le nom propre devenu image identitaire. Longtemps reflet d'une identité sociale déterminée, c'est à l'époque romantique qu'elle s'autorise à devenir l'expression libre d'un individu singulier.

Resserrée ou déployée, furtive ou souveraine, fébrile ou pacifiée, elle trahit désormais l'emportement du cœur et de la main. AZ

Yehudi Menuhin
avec un étudiant
de l'Académie
internationale
de Gstaad
(Suisse),
août 1980.
Photographie de
Martine Franck.

◼ SIGNE
« Des messages codés »

S'il a existé des civilisations sans écriture, il n'existe pas de peuples sans systèmes* de signes, élémentaires ou élaborés. L'écriture, inventée très récemment au regard de l'apparition du langage articulé, n'est que l'un des milliers de systèmes créés par les hommes pour fixer leurs créations mentales premières que sont la numération et la nomination, pour mémoriser une information ou communiquer un message, en rapport avec l'apprivoisement de leur environnement : espace, temps, nature, sans oublier leurs semblables.

La planète baigne désormais dans une soupe de signes. Certains de ces systèmes sont universellement connus ou reconnus : code de la route, symboles mathématiques, système métrique, notes de musique ; d'autres sont utilisés par un groupe spécifique (langue des signes), une corporation (notaires), voire deux ou une seule personnes (alphabet* secret). Les signes d'écriture sont des traces graphiques, apparemment signifiantes, même si on ne sait pas les lire. Selon le paradoxe de Shannon, un message parfaitement codé est impossible à distinguer du bruit de fond de l'univers, sauf si l'on dispose déjà de la clé du code, l'homme pouvant passer devant des significations sans les lire faute de pouvoir même imaginer qu'il y a émission de message. Dans cet ordre d'idée, les civilisations africaines ont créé des systèmes de signes graphiques sous une certaine éthique du secret nécessitant une initiation non seulement pour pouvoir être lus mais aussi reconnus simplement comme porteurs d'un message. Plus que la création de signes, une des problématiques de notre époque est désormais de faire l'inventaire des signes existants pour assurer leur transmission* et leur transcodage à fin de mondialisation. AB

« *Vois le signe subtil que font les doigts du vent en agitant la tige qui s'incline...* »

Rubén Darío (1867-1916), *Amphores d'Épicure* (sonnet initial).

Style

On appelle style un type d'écriture où les lettres* semblent par leur forme appartenir toutes à une même famille. La notion de style d'écriture concerne le manuscrit* comme l'imprimé ; on parle alors de police de caractères* ; son choix correspond à une fonction précise et sa réalisation, lorsqu'elle est manuscrite, dépend de la virtuosité de celui qui écrit (voir Calligraphie). Le style jouait un grand rôle autrefois dans l'apprentissage de l'écriture à l'école. Si les premiers imprimeurs européens s'inspirèrent de l'écriture gothique manuscrite brisée, les humanistes du XVe siècle choisirent pour l'impression des auteurs antiques redécouverts une écriture dérivée de la minuscule caroline qui se répandit ensuite dans toute l'Europe et fut perfectionnée par les Français Nicolas Jensen, Claude Garamond, Firmin Didot, l'Italien Giambattista

Recueil de prières soufi. Calligraphie *maghribi* et monumentale, 1828-1829. Rabat, Bibliothèque générale.

Stèle avec scène d'offrande à la déesse soleil. Tan'im, Ier siècle apr. J.-C. Albâtre, 20,6 × 10,5. San'â', Musée national.

Bodoni, l'Anglais John Baskerville, l'Allemand Johann Michael Fleishmann. Les formes essentielles de cette écriture « antique », fixées dès les XVe-XVIe siècles, n'ont subi depuis que peu de modifications. La tradition humanistique manuscrite avait donné naissance dès le XVe siècle à une écriture cursive fluide ; adoptée par le grand éditeur vénitien Alde Manuce, elle devient l'italique, utilisée aujourd'hui pour faire ressortir les éléments d'un texte. Les manuscrits présentent une grande richesse de styles. L'art* des styles d'écriture a surtout été développé dans le monde arabo-islamique où, du VIIe au XVIIe siècle, d'innombrables types d'écriture ont été inventés. Le mot « style » désigne aussi le poinçon de fer ou d'os au bout pointu servant pendant l'Antiquité et le Moyen Âge à écrire sur les tablettes* enduites de cire, l'autre bout aplati servant à effacer. AB

■ Sud arabique (écriture)

Un système* alphabétique linéaire, comportant 29 consonnes* et un séparateur de mots, dérivant d'un proto-alphabet* sémitique, apparaît vers le VIIIe siècle avant J.-C. dans les royaumes de la péninsule Arabique ; il fut en usage jusqu'au VIe siècle de notre ère. L'ordre de ses signes* diffère de celui du phénicien, mais a des antécédents dans un abécédaire* cunéiforme* du XIIIe siècle avant J.-C. (tablettes* de Beth Shemesh en Palestine et d'Ougarit en Syrie). Cet alphabet note l'écriture « sud-arabique », transcrivant une langue sémitique (dialectes sabéen, minéen) apparentée à l'arabe*. Elle est à la base des signes de l'éthiopien (guèze) – où le système alphabétique est devenu syllabique* – et des écritures amhariques modernes. Dans le nord de l'Arabie, des écritures proches notent des dialectes comme le lihanique, le tha-

*Bas-relief
d'Ur-Nanshe.*
Tello
(Mésopotamie),
v. 2500 av. J.-C.
Calcaire, h. 40.
Paris, musée
du Louvre.

moudéen ou le safaïtique. Les inscriptions sont essentiellement commémoratives et monumentales (sur statues, autels et stèles d'albâtre). Des bâtonnets en bois, portant une écriture cursive, livrent des informations sur la vie quotidienne : listes d'ouvriers, contrats, correspondance commerciale et privée. BAS

■ Sumérien

Il est probable que la première écriture identifiée en Mésopotamie ait noté des mots sumériens, bien que l'on ne puisse identifier la langue transcrite par les pictogrammes* sur argile* avant 3100 avant J.-C. environ. Le sumérien cessa d'être parlé au début du IIe millénaire avant J.-C., mais resta écrit jusqu'à notre ère en tant que langue religieuse et savante de la culture mésopotamienne. Le nom même de sumérien vient d'une dénomination akkadienne*. Les Sumériens appelaient leur pays *ki-en-gir* et leur langue *eme-gir* ; une variante, l'*eme-sal*, était réservée au langage des femmes. Isolée et de caractère agglutinant, elle

fonctionne par l'ajout d'affixes, à fonction grammaticale et lexicale, collés à une base verbale ou nominale. L'écriture cunéiforme* sumérienne est fondamentalement idéographique. On para aux limitations de ce système* par la création de signes* composés (bouche + pain = manger ; + eau = boire ; cadenassée = secret, etc.) et on adopta le même signe pour exprimer des mots ou verbes de sens voisins (le signe *ka* = bouche notait le nez, la parole, parler, crier) ; le lecteur choisissait entre ces sens grâce à des déterminatifs de catégories (dieu*, homme, pays...). L'abondance de mots monosyllabiques et donc d'homophones (distingués dans le sumérien parlé par différentes longueurs de voyelles ou de tons et actuellement par des indices numériques) facilita le passage au phonétisme syllabique, réalisé en vidant les idéogrammes* de leur sens pour n'en conserver que le son, ce qui diminua le nombre de signes utilisés (voir Rébus). Cette évolution se développa au contact de l'akkadien. BAS

■ SUPPORTS

Amulettes, papyrus*, parchemin*, papier*, mais aussi plastrons de tortue, écorces d'arbre*, vases grecs*, affiches publicitaires, robes de grands couturiers, tableaux de maîtres et même, depuis peu, écrans d'ordinateur : l'écriture, qu'on veuille ou non y échapper, est partout. Nés dans la nuit des temps, les premiers signes* se sont faufilés dans l'argile* ou la pierre*, matériaux destinés à durer ; mais aussi dans le bois, matériau périssable ; et parfois même sur des grains de sable qu'un simple souffle de vent effacera. Gravée, peinte, sculptée, imprimée, la lettre* a elle aussi envahi tous les supports, du plus modeste au plus colossal (voir Architecture), du plus trivial au plus noble. Noire et rouge sur les manchettes des journaux, multicolore sur une toile de Miró (voir Art) ; verticale ou horizontale ; posée de haut en bas ou de bas en haut, de gauche à droite ou de droite à gauche ; follement échevelée sur tel rouleau* de calligraphie* extrême-orientale ; fine comme de la poussière sur tel traité coranique ; abstraite et angulaire sur telle inscription coufique…

Nulle gratuité, en effet, dans le choix du support : ce dernier influence par sa constitution même la forme ainsi que la vocation de l'écriture qui le couvrira. En Chine, la soie, bien avant l'invention du papier, se trouve réservée à l'élite impériale. À Rome, le marbre est la matière noble et éternelle dans laquelle on fixe les décrets, qu'ils soient administratifs ou religieux. Symbole du pouvoir et de la richesse, le métal précieux (or ou argent) demeurera longtemps, aux yeux de l'Occident, le vecteur privilégié de la monnaie, valeur refuge par excellence.

Autant de pratiques que de symboliques semble nous dire aussi l'histoire passionnante des écritures et de leurs nombreux supports. En terre d'Islam, les inscriptions coraniques calligraphiées à l'intérieur d'une coupe se parent d'une vertu prophylactique au contact d'une eau purifiante : elles guérissent ainsi le malade qui y portera ses lèvres. En Asie, les amulettes se tapissent de *mantra* et autres formules talismaniques qui immuniseront leur porteur de tout danger (maladie, blessure…). Sous nos cieux en mal de spiritualité, c'est l'environnement urbain tout entier qui devient une immense page* d'écriture, fascinante « pierre de Rosette » offerte à tous les « sociologues-déchiffreurs* ». En hiéroglyphes* des Temps modernes, tags, graffitis et slogans publicitaires subliment ainsi de leurs messages mystérieux ces nouveaux sanctuaires que sont les magasins, les cinémas et les couloirs de métro… BGS

Lingot d'or *Keicho oban*. Japon, 1601.
Or. Paris, BNF, Médailles, Villaret 28.

Mstislav Rostropovitch
devant le mur de Berlin, novembre 1989.

■ **Syllabiques (écritures).** Voir Phonogramme

▧ SYSTÈME
Dessiner ou nommer le monde

Les quelque 25 systèmes d'écriture existants peuvent se répartir en deux familles distinctes : la première, à caractère plutôt idéographique, regrouperait écritures mésopotamienne, égyptienne*, chinoise*, méso-américaine* et africaines. La deuxième, à caractère plutôt phonographique, rassemblerait écritures alphabétiques consonantiques et vocaliques et écritures syllabiques.

Certes, il va sans dire que toute écriture est à la fois idéographique et phonographique ; l'idéogramme* ne permettant pas d'exprimer idées abstraites, formes grammaticales ou noms propres, toute écriture est conduite à utiliser aussi la valeur phonétique du signe*. C'est donc le pourcentage qui varie d'une famille à l'autre. Ainsi on pourrait dire que l'écriture hiéroglyphique* égyptienne est à 80 % idéographique et à 20 % phonographique, tandis que notre écriture latine* serait à 80 % phonographique et à 20 % idéographique. (Que l'on songe en effet à ces éléments idéographiques persistants qui font toute la difficulté de l'orthographe parce qu'on ne les entend pas : marques du pluriel, accents muets permettant de distinguer « ou » et « où », « a » et « à », et à tous ces signes de notre langue qui établissent des différences de sens imperceptibles à l'oreille.)

À chacune de ces familles correspond un usage distinct de l'écriture : la première d'entre elles s'attache à dessiner le monde plus qu'à le nommer. Elle investit le signe d'une capacité graphique à exprimer le sens, ouverte à des lectures* multiples ; l'ambiguïté y est perçue comme féconde (ainsi, l'existence, dans le monde sumérien*, d'une graphie* commune entre la vie et la flèche n'autorise-t-elle pas à rêver poétiquement une analogie entre elles ?).

La seconde se préoccupe d'abord d'assurer une conservation fidèle de la langue : elle dessine la parole. Elle rassemble cependant des réponses très diverses à ce souci de fidélité phonétique : la logique abstraite de la notation grecque* décomposant jusqu'à l'atome les unités du discours y voisine avec le réalisme du système indien* s'appuyant sur la syllabe (considérant que la consonne* ne saurait dans la langue exister sans voyelle) et se distingue de la transcription plus ajourée des alphabets* consonantiques (phénicien, araméen*, hébreu, arabe* en sont les plus importants), agrandissant l'écart entre ce qui est écrit et ce qui est lu.

Ainsi, les diverses cultures s'acquittent-elles diversement de la transmission* et de la réinvention du sens : tantôt privilégiant le recours silencieux à une pensée graphique, tantôt figeant le message linguistique afin d'en assurer la restitution univoque. AZ

« *Qui emporterait* [cette tablette] *ou inscrirait son nom à côté du mien, que* [les dieux] *Assur et Ninlil…anéantissent son nom et sa descendance.* »

Colophon d'une tablette de la bibliothèque d'Assurbanipal, 668-627 av. J.-C.

■ Tablette

La tablette à écrire, rigide et maniable, fut utilisée pendant toute l'Antiquité, le Moyen Âge occidental et jusqu'en Chine. Le matériau dépend de la provenance géographique et du contenu du texte : argile* crue, bois, ardoise pour les usages scolaires et courants ; terre cuite, ivoire, pierre* ou métal (plomb, bronze, argent ou or) pour les textes précieux destinés à être conservés. La forme archaïque du signe* sumérien* DUB (tablette) est un rectangle pourvu d'une poignée, ce qui suggère que les premières tablettes à écrire étaient en bois, comme le révèlent également certains des documents les plus anciens de l'écriture égyptienne*. En Mésopotamie, le manque d'autres matériaux imposa la tablette d'argile qui se répandit dans toute l'aire d'influence de l'écriture cunéiforme* et dont la forme (carrée, rectangulaire ou ronde, à une ou plusieurs

Paquius Proculus et son épouse. Fresque provenant de Pompéi, v. 79 apr. J.-C. Naples, Museo Archeologico Nazionale.

colonnes) et les dimensions (de 2 à 50 cm de côté) évoluent avec le temps et selon la nature de l'inscription. Tables, prismes et cylindres en sont des formes élaborées. L'arrivée de l'araméen* et de son écriture alphabétique linéaire introduisit en Assyrie, au VIIIᵉ siècle avant J.-C., l'usage des tablettes de bois et d'ivoire que l'on recouvrait de cire pour y faire glisser le stylet à inciser ou le pinceau à encrer, procédé qui se développera dans le monde classique avec les *tabulae ceratae*. Le plus ancien dyptique de bois ciré provient d'un bateau coulé au XIVᵉ siècle avant J.-C. au large des côtes de la Turquie (Ulu Burun), dans la zone d'influence de l'Empire hittite. Les polyptiques de bois et d'ivoire, à charnières, aboutiront à former des codex. En Afrique, on apprend toujours l'écriture coranique en s'exerçant sur des tablettes de bois. BAS

■ Tifinagh

Les *tifinagh*, ensemble de caractères* de l'écriture touareg, constituent aujourd'hui au Sahara et au Sahel une forme évoluée des alphabets* libyques attestés à l'époque carthaginoise et mystérieusement disparus après la colonisation romaine. Cet alphabet consonantique, de 23 à 27 signes* selon les régions, utilise une graphie* d'aspect géométrique, faite de traits, de cercles et de points. L'absence de vocalisation et de segmentation entre les mots, tout comme la liberté du choix de l'orientation* de l'écriture

Tablette en noyer, enduite d'une couche de glaise durcie, utilisée par les enfants berbères.

Texte en *tifinagh* : menu d'un restaurant d'Abalak (Niger), datant des années 60, extrait de *I Tuareg attraverso la loro poesia orale*. Rome, Consiglio Nazionale delle Ricerche, 1992.

C'est moi Ballo qui présente mon restaurant :

plat de macaroni	10
plat de riz	10
viande (d'accompagnement)	10
plat de couscous	10
Tonique	20
Coca-cola	20
Fanta	20
Yuki, Joder, Sprite	100
grand Yuki	40
jus d'ananas	40

(la seule contrainte étant dictée par le corps dont on s'éloigne pour écrire « en partant vers l'espace libre ») rendent encore incertain son déchiffrement*.

La tradition réfère leur invention au plaisir du jeu et de la séduction : elle est attribuée à Amerolqis, géant mythique et héros civilisateur, créateur de la vie sociale et artistique qui, pour séduire les femmes, aurait inventé des codes secrets et créé les tifinagh en traçant sur la pierre* et dans le sable énigmes* et devinettes. De lui on ignore tout, on ignore même s'il est le fils du Paradis ou de l'Enfer… L'un des supports* naturels de cette écriture est le sable, son outil* le doigt. « Réinscriptible », éphémère, volontiers ludique, sa fonction est d'abord celle d'un éveil de l'intelligence ; c'est pourquoi son apprentissage s'appuie largement sur les devinettes. Aujourd'hui toutefois, pour répondre à de nouvelles fonctions pratiques, journalistiques ou épistolaires, elle évolue vers une lisibilité plus grande. AZ

Pratiques d'écriture tifinagh sur le sable.

■ TRANSMISSION
Répéter ou réinventer l'héritage

Que la fonction de l'écriture soit d'assurer la transmission des messages ne fait aucun doute pour personne. Mais qu'est-ce que transmettre un message ? Est-ce conserver un noyau de sens susceptible d'être réouvert en paroles à chaque lecture* dans le risque d'une interprétation engageant le lecteur dans l'intelligence profonde du texte ? Est-ce délivrer un contenu figé dans un énoncé linguistique immuable que chaque lecture devrait répéter fidèlement ?

Autour de cette question les traditions d'écriture se séparent. Ainsi, par exemple, tandis que la tradition latine*, dans une transcription fidèle et comme obligatoire du discours, vise à évacuer toute forme d'ambiguïté, la tradition aztèque au contraire, tout en préservant l'intégrité essentielle du message, s'ouvre à des chemins de lecture pluriels, autorisant des clés d'accès multiples. Dans les traditions africaines, l'écriture est une matrice silencieuse de signes* visuels dont la force symbolique agit sur le monde avant de se déplier ensuite en paroles.

Plus profondément l'on peut se demander si, dans la tradition occidentale du moins, le souci de transmettre par l'écriture l'ensemble de l'héritage intellectuel n'a pas contribué à occulter son pouvoir d'invention ou sa capacité de jeu.

Aragon raconte dans ses « Incipit » comment il s'est, enfant, interrogé sur l'intérêt d'une écriture qui serait la répétition stricte de la parole et situe le point de départ de son travail romanesque dans cette première transgression de la « consigne », l'incitant précisément à noter autre chose que ce qui lui était dicté, c'est-à-dire à utiliser l'écriture pour « jouer aux secrets ». Ici peut-être l'intuition de l'écrivain* rejoint-elle la liberté fondatrice de l'écriture touarègue (voir Tifinagh), dont le but premier n'est pas la capitalisation massive d'un savoir mais l'éveil de l'intelligence à la liberté du jeu.

La liberté des usages n'en reste pas moins, à l'intérieur des systèmes* d'écriture, nécessairement bridée par un assujettissement au code, condition nécessaire à leur partage… AZ

Arbre généalogique des principaux systèmes d'écritures alphabétiques et syllabiques

L'alphabet phénicien, grâce au relais araméen, est l'ancêtre de presque tous les systèmes alphabétiques qui notent les langues sémitiques, la plupart des langues indo-européennes et quelques autres langues.

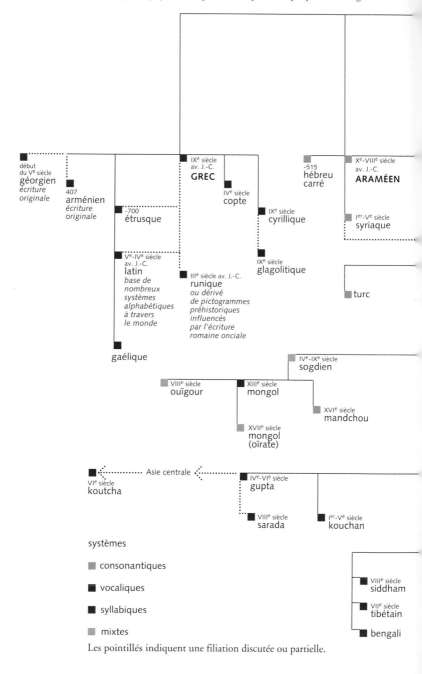

Les pointillés indiquent une filiation discutée ou partielle.

Cet arbre est extrait du catalogue *L'Aventure des écritures. Naissances*, BNF, 1997.

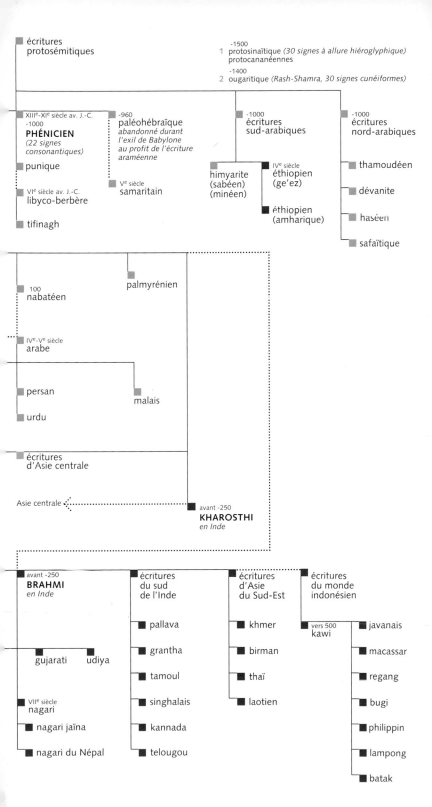

écritures
protosémitiques

-1500
1 protosinaïtique *(30 signes à allure hiéroglyphique)*
protocananéennes

-1400
2 ougaritique *(Rash-Shamra, 30 signes cunéiformes)*

XIIIᵉ-XIᵉ siècle av. J.-C.
-1000
PHÉNICIEN
*(22 signes
consonantiques)*

punique

-960
paléohébraïque
*abandonné durant
l'exil de Babylone
au profit de l'écriture
araméenne*

-1000
écritures
sud-arabiques

-1000
écritures
nord-arabiques

VIᵉ siècle av. J.-C.
libyco-berbère

tifinagh

Vᵉ siècle
samaritain

himyarite
(sabéen)
(minéen)

IVᵉ siècle
éthiopien
(ge'ez)

éthiopien
(amharique)

thamoudéen

dévanite

haséen

safaïtique

100
nabatéen

palmyrénien

IVᵉ-Vᵉ siècle
arabe

persan

urdu

malais

écritures
d'Asie centrale

Asie centrale

avant -250
KHAROSTHI
en Inde

avant -250
BRAHMI
en Inde

écritures
du sud
de l'Inde

écritures
d'Asie
du Sud-Est

écritures
du monde
indonésien

gujarati   udiya

VIIᵉ siècle
nagari

nagari jaïna

nagari du Népal

pallava

grantha

tamoul

singhalais

kannada

telougou

khmer

birman

thaï

laotien

vers 500
kawi

javanais

macassar

regang

bugi

philippin

lampong

batak

3300 av. J.-C. Tablettes sumériennes en écriture pictographique à Uruk (basse Mésopotamie) : le plus ancien témoignage d'écriture connu.

3200 av. J.-C. Hiéroglyphes égyptiens.

2800 av. J.-C. L'écriture pictographique sumérienne devient cunéiforme.

2000 av. J.-C. Le cunéiforme est utilisé pour noter l'akkadien (assyrien et babylonien) ; le sumérien subsiste comme langue savante. Traces d'écriture chez les Olmèques (Amérique centrale).

1800 av. J.-C. En Crète, écriture dite « linéaire A » (Cnossos), indéchiffrée. Code d'Hammourabi (Babylone).

1600 av. J.-C. Les Hittites utilisent un système hiéroglyphique.

1500 av. J.-C. Au Proche-Orient, écriture protosinaïtique : 30 signes à allure hiéroglyphique ; écritures protocananéennes.

1400 av. J.-C. Chine : textes divinatoires gravés sur os ou plastrons de tortue. Alphabet ougaritique (Syrie du Nord) : 30 signes cunéiformes.

1300 av. J.-C. Alphabet phénicien de 22 lettres-consonnes.

1200 av. J.-C. Sarcophage d'Ahiram à Byblos, en alphabet phénicien de 22 lettres.

1000 av. J.-C. L'alphabet phénicien se répand en Méditerranée et vers l'Asie. Alphabet paléo-hébraïque. Alphabet araméen. Écritures sud-arabiques.

800 av. J.-C. Alphabet grec ; invention des voyelles.

700 av. J.-C. Alphabet étrusque adapté de l'alphabet grec. En Égypte, écriture démotique.

600 av. J.-C. Écriture hébraïque, dite « hébreu carré »

400 av. J.-C. Alphabet latin adapté de l'alphabet étrusque. L'écriture grecque se répand grâce aux conquêtes d'Alexandre le Grand.

300 av. J.-C. Deux écritures syllabiques en Inde : la kharosthi (d'origine araméenne), qui essaime vers l'Asie centrale, et la brahmi qui par la suite donne naissance à de nombreuses écritures syllabiques en Asie du Sud-Est et en Indonésie. Dans l'Empire romain, floraison d'inscriptions lapidaires en quadrata (capitales).

200 av. J.-C. « Pierre de Rosette » : copie d'un décret de Ptolémée V sur une stèle en hiéroglyphes égyptiens, en démotique et en grec. Écritures puniques et lybico-berbères attestées en Afrique du Nord.

100 av. J.-C. Écriture nabatéenne (Pétra). Écriture copte en Égypte.

100 apr. J.-C. Écriture syriaque. Apparition d'écritures cursives communes latines.

200 L'onciale (majuscule avec emprunts aux cursives romaines) se répand en Europe. Stèles mayas en Amérique centrale.

300 Écriture runique.

400 Alphabet sogdien dérivé de l'araméen, en Asie centrale. Alphabet arménien. Alphabet géorgien. Syllabaire éthiopien.

500 Premières inscriptions arabes. Écriture gaélique.

600 La révélation coranique entraîne la codification de l'écriture arabe ; elle essaime vers l'Orient et vers l'Afrique du Nord.

700 Le Japon adapte l'écriture chinoise.

800 En France, la « minuscule caroline » remplace les graphies latines antérieures, devenues presque illisibles, et devient un modèle pour l'avenir. Le persan emprunte l'alphabet arabe et le pehlevi tombe en désuétude. En Asie, écriture ouïgoure dérivée de l'araméen. Apparition de l'écriture cyrillique.

1000 La caroline se transforme en gothique et évolue par la suite vers la textura et la rotunda. Les Turcs empruntent l'alphabet arabe.

1200 Écriture nahuatl adoptée par les Aztèques (Amérique centrale).

1300 En Italie, les humanistes redécouvrent la caroline et la transforment en écriture humanistique, modèle des écritures modernes utilisant les caractères « latins ».

I N D E X

Ahiram (roi) 24
Akerblad, Johan 39
Alechinsky, Pierre 30
Ambroise (saint) 69
Amerolqis 115
Amma 79
Anaximandre 84
Apollinaire, Guillaume 34, 50
Aragon, Louis 115
Archimède 85
Aristophane de Byzance 93
Assurbanipal (roi) 94, 97, 100, 110
Augustin (saint) 69

Baldi, Camillo 60
Barthélemy, Jean-Jacques (abbé) 44
Barthes, Roland 48
Baskerville, John 104
Basquiat, Jean-Michel 29
Ben, Benjamin Vautier, dit 30
Bergson, Henri 60
Bisticci, Vespasiano de 42
Boccara, Michel 75
Bodoni, Giambattista 104
Bonaparte 44
Borges, Jorge Luis 27, 84
Brahmana, Aitareya 67
Braque, Georges 30
Breton, André 30, 32
Broglie, Louis de 60

Cai Lun 86
Chadwick, John 50, 60
Chagall, Marc 30
Champollion, Jean-François 39, 44-45, 51, 63, 91
Charlemagne 68
Cheng, François 37
Church, William 38
Cicéron 85

Dante Alighieri 73
Darío, Rubén 102
Darius (roi) 93
Della Valle, Pietro 44
Didot, Firmin 103
Duteil, Mademoiselle 69

Enki 29, 47
Enmerkar 13
Evans, Arthur John 50-51, 63

Flandrin (abbé) 60
Flaubert, Gustave 34
Fleishmann, Johann Michael 104

Garamond, Claude 103
Gide, André 60
Gutenberg, Johannes Gensfleisch, dit 38, 64-65

Han (dynastie) 100
Hausmann, Raoul 30
Hérodote 60
Hincks, Edward 94
Homère 73
Horapollon 39
Huangdi 13
Hugnet, Georges 32
Hugo, Victor 16, 48

Jakobson, Roman 73
Jensen, Nicolas 103
Jérôme (saint) 93

Kafka, Franz 48
Kircher, Athanase 39, 44
Klee, Paul 30

Landa, Diego de 44
Layard, sir Austen Henry 94
Legrand, Henry 21

Magritte, René 30
Mallarmé, Stéphane 21, 34
Manuce, Alde 104
Marduk 47, 94
Massin 34
Matthieu 30
Michaux, Henri 30, 32, 48, 50
Michon, Jean Hippolyte 60
Miró, Juan 108

Nabû 47
Nisaba 47

Njoya (roi) 15, 79

Odin 96
Oskar, Jon 71
Ovide 85

Pan Geng (empereur) 11
Philon de Byzance 54
Picasso, Pablo 30
Plaute 85
Pline l'Ancien 85, 88
Plutarque 39
Proculus, Paquius 83
Ptolémée Épiphane 88
Pythagore 39

Quetzalcoatl 79

Raban Maur 21, 34
Rabelais, François 34
Rawlinson, sir Henry Creswicke 45, 93-94
Ray, Man 30
Renaudot, Théophraste 64
Rostand, Jean 60
Rousseau, Jean-Jacques 19

Silvestre de Sacy, Israël 39
Schwarz, Matthäus 23
Schweitzer 60
Schwitters, Kurt 30
Shannon, Claude Elwood 102
Shitao 40
Smith, G. 94
Soulages, Pierre 30

Tardieu, Jean 69
Thibaudeau, Francis 38
Tite-Live 85
Tory, Geoffroy 71
Tsang-Kié 13, 36, 47, 79

Valéry, Paul 60
Ventris, Michael 45, 50, 60
Villard de Honnecourt 57
Vox, Maximilien 38, 65

Willett, John 30

Young, Thomas 39

BIBLIOGRAPHIE SÉLECTIVE

Marcel Cohen, *La Grande Invention de l'écriture et son évolution* (3 tomes), Imprimerie nationale, 1958.

James G. Février, *Histoire de l'écriture*, Payot, 1959.

Massin, *La Lettre et l'image*, Gallimard, 1970.

Béatrice André et Christiane Ziegler, *Naissance de l'écriture, cunéiformes et hiéroglyphes*, RMN, 1982.

Béatrice André, *L'Invention de l'écriture*, Nathan, 1986.

Pierre Amiet, « La Naissance de l'écriture ou la Vraie Révolution », *Revue biblique* 97/4, 1990, p. 525-541.

Serge Fauchereau, *Peintures et dessins d'écrivains*, Belfond, 1991.

Élisabeth Lalou (sous la dir. de), *Les Tablettes à écrire de l'Antiquité à l'époque moderne*. *Bibliologia 12*, Bruxelles, Brepols, 1992.

Gérard Pommier, *Naissance et Renaissance de l'écriture*, PUF, 1993.

Claude Mediavilla, *Calligraphie*, Imprimerie nationale, 1993.

Anne-Marie Christin, *L'Image écrite ou la déraison graphique*, Flammarion, 1995.

Nina Catach, *La Ponctuation : histoire et système*, PUF, « Que sais-je ? », n° 2818, 1996.

Jean Bottéro, Clarisse Herrenschmidt, Jean-Pierre Vernant, *L'Orient ancien et nous. L'écriture, la raison, les dieux*, Albin Michel, 1996.

Roland Schaer (sous la dir. de), *Tous les savoirs du monde*, Bibliothèque nationale de France/ Flammarion, 1996.

Anne Zali et Annie Berthier (sous la dir. de), *L'Aventure des écritures. Naissances*, Bibliothèque nationale de France, 1997.

Gérard Blanchard, *Aide au choix de la typo-graphie*, Reillanne, Atelier Perrousseaux, 1998.

Simone Breton Gravereau et Danièle Thibault (sous la dir. de), *L'Aventure des écritures. Matières et formes*, Bibliothèque nationale de France, 1998.

Anne Zali (sous la dir. de), *L'Aventure des écritures. La page*, Bibliothèque nationale de France, 1999.

Crédits photographiques : AIX-EN-PROVENCE, musée Granet /B. Terlay 48 ; BEYROUTH, Direction générale des antiquités 24 ; BOLOGNE, Bilblioteca dell' Università 89 ; CHANTILLY, musée Condé 69 ; CINCINNATI, University of Cincinnati 50 ; DRESDE, Sächsische Landesbibliothek 56 ; DUBLIN, Chester Beatty Library 17 ; FLORENCE, Biblioteca Nazionale Centrale 79h ; LONDRES, British Museum 45h, 93b ; MILAN, Enrico Cattaneo 32 ; PARIS, Bibliothèque nationale de France 4-5, 13, 15, 18, 21, 22, 26h, 27, 33, 35, 36-37, 38h, 39, 41, 42, 44, 51, 55, 57, 62, 66-67, 68, 72h, 72b, 74, 75, 76, 77, 78, 79b, 80-81, 84, 85, 86b, 88, 94-95h, 95b, 101, 108 ; M. Castelli Gattinara 112 ; Dagli Orti 10, 25, 58h, 63, 64-65, 96h, 111 ; collection Jeannine Drouin 114 ; Flammarion 52-53 ; Hoa Qui /Bill Truslow 86-87h ; Galerie Lelong 49 ; Magnum /Bruno Barbet 28 /Martine Franck 102-103 ; Philippe Maillard 14, 104, 105 ; Musée de l'Homme, laboratoire d'Ethnologie 92h ; Photothèque des musées de la Ville de Paris 70 ; Photothèque du Musée national d'Art moderne/Centre George Pompidou 20 ; Réunion des musées nationaux 6, 8, 9, 12, 23, 26b, 29, 40, 43, 45b, 46, 54, 58b, 61, 90, 92b, 96-97b, 98-99, 100, 106-107 ; Star and Stripes/Sygma 109 ; Treal et Ruiz 112 ; Marc Walter 59 ; PÉKIN, musée Gugong /Liu Zhigang 82 ; ROME, Biblioteca Apostolica Vaticana 11 ; SAINT-PÉTERSBOURG, Musée russe 31.

© **Adagp, Paris 2000** pour les œuvres d'André Breton, Marc Chagall, Max Ernst et Henri Michaux.

Anne Zali remercie les auteurs du catalogue *L'Aventure des écritures. Naissances* dont les travaux l'ont éclairée.

Directrice de la série Archéologie et Civilisations : Bérénice GEOFFROY-SCHNEITER
Coordination éditoriale : Béatrice PETIT
Lecture et corrections : Colette MALANDAIN
Direction artistique : Frédéric CÉLESTIN
Mise en pages : Thierry RENARD
Fabrication : Claude BLUMENTAL
Photogravure : Pollina s.a., Luçon
Flashage : Pollina s.a., Luçon
Papier : Tecnogloss 135 g distribué par Fargeas, Paris
Papier de couverture : Carte Gemini 250 g distribuée par Axe Papier, Champigny-sur-Marne
Couverture imprimée par Pollina s.a., Luçon
Achevé d'imprimer et broché en décembre 1999 par Pollina s.a., Luçon

© 2000 Flammarion, Paris
© 2000 Bibliothèque nationale de France, Paris
ISBN (Flammarion) : 2-08-012655-5
ISBN (Bibliothèque nationale de France) : 2-7177-2099-5
ISSN : 1281-4148
N° d'édition : FA 265501
N° d'impression : 78937
Dépôt légal : janvier 2000

Imprimé en France

Pages 4-5 : Raymond Queneau, *Cent Mille Milliards de poèmes*. Paris, Gallimard, 1961.
Paris, BNF, Rés. M Ye 641.